孟宪承文集

卷七

教育心理辨歧

〔美〕波特 著
孟宪承 张楷 译

主编 瞿葆奎
副主编 杜成宪

华东师范大学出版社

北平师范大学教育系四年级学生欢送孟宪承留影,前排左起第七人孟宪承(1937年)

教育叢書

教育心理辨歧

正中書局印行

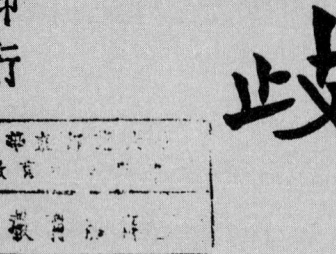

孟憲承
張　楷 譯

孟宪承、张楷合译波特的《教育心理辨歧》，正中书局 1936 年版的封面

目录

序		I
第一章	身心的分别	1
第二章	心体说	6
第三章	心体说与学习过程	17
第四章	形式训练的反抗	25
第五章	心体说的谬误	33
第六章	意识说	41
第七章	意识说与学习过程	49
第八章	生理心理学的兴起	59
第九章	行为说	71
第十章	行为说与学习过程	82
第十一章	目的性的行为	95
第十二章	心理学的两歧	104
第十三章	再论目的性的行为	114
第十四章	刺激与反应的关系	126
第十五章	意义的性质	136
第十六章	教育的理论	144
第十七章	变动的认识	154
中西名词对照表		162
编校后记		165

序

　　心理学在近年异常地活动：新的运动，常在起来；旧的学说，不断地有批评和修正。虽以一种科学自豪，而它的最深的问题，并不能够以科学的技术获得解答。这些是解释上的问题，而都以心智是怎样的性质一问题为基点。因此今日心理学所呈现的，只是混乱和纷歧。材料积聚得很多，可是我们不了解这些材料的意义。

　　在教师的专业课程上，心理学的价值，在于能够阐明学习的过程。所谓学习，到底是习惯的范成呢，抑是领悟的培养呢，抑或是固有倾向的自由发展呢？这是教师必须抉择的。不幸这种抉择，不能根据于实验，而终必推究到心智的理论；这种理论的构成，绝不限于实验的材料。这是教师的苦难，却也无法避免。在他，修习了心理学，而依然不了解心智的性质，便依然没有学什么"心理"。现在教育心理学的一大部分，并不怎样关心于这种问题。它所最详的题材，于教师反是最琐屑无关的。从教育的观点上看，他几于不知道有什么心理学。有的是众多的心理学派。

　　本书即以心智的性质为主题。它的写作，由于深信这问题在教育方法以至整个教育理论上的重要；所叙说的，限于影响教育最大的几派学习的理论。次序是半历史的，取便于寻源而溯委。读者如不喜哲学的论谈，则书中第十二章可以省略不看。

　　对于杜威先生，我乐于表明我的特殊的感激。凡征引到的各书的出版者，允许我自由地节引,也深佩他们的优容。第十七章,原是以另一标题,先揭载于哥伦比亚大学《师范学院丛刊》的。最后,我要感谢奥拉塔(Orata)先生给我整理书稿的辛勤的襄助。

波特(Boyd H. Bode),1929年4月

第一章
身心的分别

身心的分别,在常人说来,是习见而当然的。身是一种物质的东西,心好像是在身里——或者说在脑里,能思维,有感情,有意志,而控制着身的一种精神的存在。人和无生物的最大的区别,就在于人有心,而无生物没有,因此在行为上,二者有很大的不同。无生物只是死的物质;而人是活的,对于自己的行为是负责的。

这身与心的自明的分别,在常人再也不会发生什么疑问。即使有些人,尤其是宣教者们,会对他特别说到他的心或灵,而依他自己的回忆,他对于身心的分辨,却不待教而后知,是事实的自身就使他认识的。这种分辨,几如一屋和一树的截然不同一样。我们一有智慧的观察,便了然了。

常人的这种看法,正显出他容易把"习见"认为"当然"。他从不想到心与物的分别,绝不是当然的、自明的,却是人类经过了长期的思维而后才得来;他也不想到这分别,怎样充满着困难和疑问;他只接受这种分别,当作一种精神的遗产,恰如数目和方言一样。这些东西,成了他的环境的一部。他都认为当然而承受下来的。到了长大的时候,他已养成了某种思维习惯,任何别样的思维方法,反易使他认为奇异而不自然了。

这样说,人们所传受的心和物的概念,代表思维的成果,而不是思维的发端。我们现在有这些概念,不是因为它们是自明之理,而是因为是前人思想的结果。如能观察原始的民族,便会知道他们并不同我们一样有心和物的分别的概念。

先就物而言。我们以为物质是死的、机械的,物质自身不会运动,只有在和别种物质的关系上才有运动。自然科学已经探索了物质运动的定律和条件;因此,这种观念,在我们现在已经是习知的了。可是有一个时代,就没有人有这种观念。那时代的人,以为物体能够自主地运动;世界上没有死的东西,一切都有生命;它们的运动是自己作主的,是和人类一样受着内部的冲动的。这种信念,也称为"万有皆生论"(Animism)[1]。

我们不难了解这种态度也是必然的。原始人不晓得:水为什么泛滥,风为什么吹,太阳为什么在天空走,雷电为什么降临而施着爆裂的严威;结果,他用自己的行为来解释,这是他唯一的解释;换言之,他假定这些东西,都由自己意志而行动的。他的世界,不成一个有因果互相联系的体系,而是一个许多孤立事物的堆积。这些孤立的事物,可以自动,而不必依照普遍而一定的法则的。所以原始人没有"死的物质"一概念,以与自由而有目的的心的一概念相对比。

> 巴西的土人,被石头蹶倒时,必定把石头咬一下;被箭射伤时,也是这样。这种心理状态,在历史上,不仅是表现于冲动的习惯,而也表现于正式制定的法律。亚洲南部未开化的 Kukis[2] 民族,严格执行他们的简单的命抵命的复仇法律。有人被老虎咬死了,他的家族必把那老虎杀掉吃掉,才算申冤;有人从树上跌下来死了,他的亲友必把那树砍掉,才算出气。交趾支那[3]的君主,把失事的船舶加上了槭柳,与任何犯人一样看待。在古代,波斯国王 Xerxes[4] 打了败仗,而鞭挞 Hellespont[5] 的海峡;Gyrus[6] 排干了 Gyndes[7] 的河流,也是同类的例。而雅典人的一种法律,更足令人惊异。凡有人被害,而找不出嫌

---

[1] 又译为物活论、万物有灵论、泛灵论。——编校者
[2] 库基人,印度东北地区的部族。——编校者
[3] 交趾支那,中国古代对越南的称呼。——编校者
[4] 即薛西斯一世,波斯帝国的国王(前485—前465在位)。——编校者
[5] 即达达尼尔海峡。位于土耳其欧亚两部分之间,连接马尔马拉海与爱琴海。——编校者
[6] 居鲁士大帝,波斯帝国的缔造者(前590—前529在位)。——编校者
[7] 金得斯河,即今伊拉克境内的迪亚拉河。——编校者

疑犯的时候,就把与致死有关的无生命东西如斧斤、木、石之类拿来,在Prytaneum[1]开庭审判,定了罪,就将这木、石等等以严重的仪式投诸边陲。[2]

这种对于无生物和低等动物的态度,不仅在古代以及文明落后的民族里有,据说1457年的时候,法国曾有同样的事件:

> 一只母猪和六只小猪,因为把一个小孩子咬死而且吃了一部分,受着审判。结果,母猪判处死刑;小猪无罪开释,因为小猪虽然犯罪,而年龄幼小,且是受了母亲的不良影响所致的。[3]

这样把无生物和低等动物当人类似的来对付,是万物各自独立行动一假设的自然结果。等到事物的原因了解得越多,机械性的运动与目的性的行为,也比照着而越有充分辨别的可能了。现在我们知道电光是电的一种形式,依着某种定律而发现的;雨的下降,依于蒸发与凝结的情形;疾病的发生,遵循自然界一定的法则;凡决定地震、山崩、树倒、船行的力学原则,都可以普遍应用的。事情既循着机械的定律,那么,用祈祷与责罚来感应,是无用而愚笨的了。无生物的运动,不是决定于动机或任何内在的原因,而是决定于外界的情况或原因的。这些东西,都是死的物质,没有它们自己的动机或目的,而是完全受制于外界的各种势力的。

这种了解的获得,要归功于科学,而经过很慢的时期。最初的方式,还不是科学,而是魔术。魔术所含的真理的成分,在于事物能由人力以操纵原因而去控制。它的错误,则在于把原因弄错了。有时它采取一种"同生同"的原则,例如以为吃僵尸的药末,可以延生;吃狮子的心脏,可以鼓勇;长啸可以呼风,喷水可以

---

[1] 希腊城邦的市政大厅。一般由首席执政官居住,是全城的公共会堂或灶台。——编校者
[2] Tylor, E. B., *Primitive Culture*, Vol. I, p. 286.
[3] Westermarek, E., *The Origin and Development of the Moral Ideas*, p. 257.

唤雨。在另一时期，又发明了符咒与秘术的使用。这种对于原因的无批判的误认，在现在的风俗里还是有的，例如撒盐以祛除不祥，佩带神符以求福等等。

这类事情，与科学的区别，在于科学有特殊的技术以试验因果的关系。因果的关系，既以科学的方法而确定，万有皆生论的拟人化的成分，就消灭了。科学的结果的累积，引起了物质的宇宙是一个因果联系的体系的一概念。在这宇宙里，一切事物是严正地决定于机械的方式的。什么星球有安琪儿的引导，天空有美妙的乐音，这些话，由科学者看来，不是一种诗情，便是一种迷信。他明确地表示他是不接受那些暗示的。他的方法，是用万有引力的定律来解释天体的现象。这种定律，可用数量的公式来表述；可由数理的计算，以作预测的根据。这样说明，不仅是因果关系的更正确的规定，也使我们对于物的性质，有更精确的观念。

随着物的概念的发展，心的概念也更精密了。事实证明，在原始的文化里，所谓"心"和"灵"，包括一切"呼吸"、"生命"、"灵魂"之类的东西。一个有名的著作者说："身心的某种粗朴的区别，含有心可在身所不能行动的地方而行动的意思，这是野蛮民族受了心理现象，尤其是梦的现象所暗示的结果。"可是这粗朴的观念，与后来演化而认为当然的心的概念，仅有几希的类似。原始人当然不晓得心是非物质，不占空间的存在。在他看来，心是很像幻影的，所以传给我们的"幽灵"（shade）这名词，正如以为"灵"（soul）是呼吸而传给我们"灵魂"（spirit）一名词一样。

到了一个时期，科学知识的进步，把心的涵义缩小了。身的生命，不复是"心"的一部分，而可用生理作用来解释了。所谓生命，隶属于科学所建设的物质的机械的自然体系之中。现在我们把"生"与"心"区别了。

> 生物的原素与矿物的原素是一样的；物质与运动的基本法则，同样适用于生物与矿物的。生物不过是一种在某些情形下运动着的复杂的机械。[1]

---

[1] 赫胥黎的话，为 Pearson, K., *Grammar of Science*, p. 329 所引。

心的涵义，一面缩小，但另一面也有所扩充。物质的与非物质的对立的尖锐化，结果就发生许多心的特征，而以这些特征来区别物与心了。物是占空间的，心则否；物是受制于严格的自然定律的，心则是自由而对自己的行动负责的；物是可毁坏的，心却不可；物限于现在，心则永存于过去与将来；物是原子的积集，盲目地不断地运动着的，心是一个真、美、善的超然的泉源。

　　以上的粗粗的轮廓，便是我们的共同遗产，而影响我们的思想的身心概念。常人对这问题，不加思索，就接受类似上述身心分别的说法，以为当然。他自然不晓得：这些概念，在他以前，已有长期的演化；这些概念，只是解释经验的理论，而像一切理论一样，是要以续得的经验来修正的。

　　这种心与物的概念，可认为最后的真理吗？近年来，自然科学对于旧的物的概念，很活跃地在修正；这种修正，包括对于向来认为无可改变的基本命题的批评。而正在动乱中的心理学，对于传统的心的概念，也施以无情的抨击，以前确定的信念，也早已抛弃无余了。因为许多别的学术，与心的概念都很有关系，所以心理学上这种发展，特别重要。本书是研究这种发展对于教育的影响的。心理学说上任何重要变更，最后必反映于教育的方法。现在，心理学的纷歧，已使我们对于学习过程的说法莫衷一是了。以下各章，我们要先把心的传统的概念以及它在教育上的影响，作较详的叙说；然后再就各种代兴的而互相对峙的理论，加以述评。

参考书

Smith, R. W., *The Religion of the Semites*, Chap. III.

Tylor, E. B., *Primitive Culture*, Vol. I, Chapters VIII, XI.

Westermarek, E., *The Origin and Development of the Moral Ideas*, Chap. X.

第二章
心体说

依传统的思想,心与身成了尖锐的对立。心有自发性、创造性、行动的独立性;身或物是有惰性的、被动的、仅受外界的推动而运动的。在人身上,心与物恰合一起来,但这是一种对立的统一。这当然是世界上最奇的统一体。其中两种成分,尽量的互相差异。甲所没有的特征乙却刚有。

街头的人大概不会感觉到这奇异的统一体里还有什么矛盾,他看不出为什么心不应该住在身里而随处跟着人跑,为什么心不应该同身一样的在空间里运动。常人对于哲学者洛克(Locke)的话,一定同意的:

> 任何人都觉得他的"心灵"能思,能欲,能于它的所在指挥他的身,却不能指挥一个在百里以外的身。没有人能够想象:当他在伦敦的时候,他的"心灵"会在牛津想着或指挥着一个身体。没有人不相信:他的"心灵"既统合于他的身体,在从牛津到伦敦的途程中,是时常变换其地位,同载他的车马一样,刻刻在运动着的。死时脱离了身体的"心灵",它的运动我们或者不能得到一个清楚的观念。但是我想,运动是有的,因为说它是从身里解脱,而又说它没有运动,在我看来,是不可能的。[1]

---

[1] Locke, J., *Essay on the Human Understanding*, Book Ⅱ, Chap. 28.

这样说法，像是很好的素朴的常识。心身相隔百里，心不能指挥身是显然的；在旅途之中，身心同行，死时，身心解脱，也是显然的。这道理已是这样显明，用不着故意看成神秘。可是神秘却正在这里，正在于假定心是非物质的实有。心在身的百里以外，固然不能指挥身。但假使心是真的非物质的，它就不存在于任何地方，不管身内或身外。今假定心存在于某处，便是假定心是物质的，便是假定它须占一定的空间的了。有人甚至可以进一步说：如其身体能够严密的固封，而没有些微的罅隙，那么，心灵是永远超脱不开，人在这世上就可以不死了。

洛克所以认这解释已够显明，因为他没有把非物质的涵义充分的思辨过。他没有想到假使心是在空间里，它便只可作一种物质的"升华"的形式看待。假使心占有空间，它便可以被别种东西推出那个空间；就是它会与别种东西互相抵触，而表现惰性或其它物质的属性。反之，假使心不占有空间，则身心关系的整个问题更是十分模糊了。事实上，这个问题已费过许多哲学者与心理学者的心思。一个不占空间的实在，怎样能够影响到一个物质呢？这两种东西，似乎没有一点可以互相沟通的地方。说是有交感吧，那么，这种交感，是否包含"力"(energy)的使用？如其是的，那么，自然界的"力"的总量是个变数了。身感心时要用"力"，而这用去的"力"，将化为乌有；反之，心感身时，要创造"力"而使"力"的总量有所增加了。

上面的讨论，用意并不在批评心体说(mind-substance theory)，而在于说明它的涵义。传统的二元论，一经检讨，便见得比它表面上所说的要复杂得多，不合理得多。如再说到心与意识经验的关系，它的神秘性更加重了。我们有时认为往来于心中的情绪、思维与意志作用，与心为一物。那么，它们都是心了。但是一个人当昏厥或睡眠无梦的时候，心又是如何？它是离开了吗？或者说那时心虽然不起作用，却仍是存在着吗？常识的说法，必定以为心仍然存在的，不过暂在静止的状态就是了，心是永恒的存在，不过有时活动而不必时时活动罢了。

如采取这种看法，那么，心与"经验之流"是不同的东西了。假使在没有思维感情的时候，心仍继续存在，那么，我们不能视心与思维感情为一物了。贝克莱(Berkeley)说：

无数观念(idea)以外,尚有对观念而起各种作用(如意志、想象、记忆等)的一个主体。这能知觉而能动的主体,就是所谓心或自我。这些名词并不代表任何一个观念,而是一个与观念完全不同的东西。观念是由它而存在的,换言之,观念是被它所知觉的——因为观念的存在,即在于它的被知觉。(Existence of an idea consists in being perceived)[1]

这种心与观念(贝克莱用观念一名词代表一切经验)的对比,立刻又发生心自己是怎样被知觉的一问题了。心决不同于别的观念,它是主有观念的,它会有对自己的观念吗?或者它是同眼睛一样,只能看见所有的对象而不能看见自己吗?我们怎样知道我们有心的呢?

这个问题的部分的解答,是心的知识,是与物的知识结合着。任何经验,不问对象是什么,总同时有对主体的经验。有其一而无其他,是不可能的。引汉密尔顿(Hamilton)的话:

> 在知觉作用中,我们直接意识到自我与非自我的并存及其分别。这是意识二元性的事实,十分明白的。当我注意于知觉的最简单的作用时,我不得不相信两种事实,或者说一种事实的两面:我的存在,以及与我不同的事物的存在。在这作用中,我意识到我自己是个知觉的主体,外界的存在,是被知觉的对象;而且意识到这两者是存在于同一的片刻中。主体的知识不先也不后于对象的知识——内中任何一个,不决定也不被决定于其他一个。[2]

这方面的议论是很多的,例如说:"一切意识,包括自我的观念或主体的成分在内。知道我有感觉作用,就是知道了有这作用的自我。"说:"心灵(经验的主体)存在于我的内部,而有回忆与再认过去经验的能力,在思维变换之中,永远认

---

[1] Berkeley, G., *Principles of Human Knowledge*, Section 2.
[2] Bowen, Francis, *Hamilton's Metaphysics*, p.195.

识到它自己的同一。"说:"我看不见自我的存在,但是我意识到自我是存在,这是人所能有的顶真确的知识。我知道是自我在有思维、意志与感情,而不是我的感官在有这些作用。"

笛卡儿(Descartes)的"我思故我在"(cogito, ergo sum)的名言总结了这整个的问题。洛克说:

> 至于我们自己的存在,我们知觉得这样的明白而真确,用不到什么证据,也拿不出另外证据。因为没有比"我自己存在"更明白的事实了。我会思维,我会推理,我会感觉快乐与痛苦,这些能够比"我自己存在"更明白吗?如果怀疑这些事情,这怀疑正使我知觉我自己的存在,而不加怀疑。因为如果我知道"我"在感觉痛苦,而怀疑这痛苦的感觉,则怀疑者的"我"的存在,和怀疑一样的真确了。所以经验使我们相信,我们有自己存在的直觉的知识。在感觉、推理的任何活动里,我们都意识着自己的存在。这是最高度的真确的知识。[1]

这种奥衍的论证,在关于本问题的文献里,真是搜罗不尽。费这样多的气力,去辩论自我存在是当然的事实,读者如觉得无谓,确是情有可原。如果自我存在是一件最高度的真确的事实,为什么还要论争?哲学者们不太饶舌了吗?

所以这样殷切地为自我存在辩护而不许怀疑,其理由在于传统的自我或心的概念,是直觉与推理的混合物。这概念不仅以为自我存在于经验的任何片刻中,并主张自我是单一的、非物质的;自我与经验永相终始的,除用上帝权力外,自我不能毁灭;自我是相对地离物质而存在的;自我是能力的来源。这大概就是心是非物质的存在的意义。要说这些是由直觉得来而有最高度的真确性,实在难于置信。直觉与推理的界线,虽不易划分;但是我们不能否认心体说是基于推理的,如同我们从未直接知觉过月亮的反面,而推想它有正面与反面一样。

---

[1] Locke, J., *Essay on the Human Understanding*, Book IV, Chap 9.

这个学说的特点,在于以心为实体。据洛克的意思,实体是能力的来源。别的著作者,也有以为实体的特点是独立存在,就是说,它是不可毁灭的。至于实体的属性或品质,是不能独立存在的。例如,颜色、形状或运动,便必须依靠着别的东西,它们是存在于实体、附属于实体的了。心体的学说,事实上并不完全基于直觉,而是以各种论证来辩护的。为便利计,把重要的几点叙述在下面:

一、同一(Identity) 个人的经验,尽管变化,而个人始终是同一的个人。我们的身体,可以完全变换,我们的经验,时时在变化之中;但是我们觉得我们与一周前、一月前或二十年前的我们,是同样的人。这个人的同一的感觉不能溯之于身体,更不能溯之于瞬息万变的意识的现象。那么,总要溯之于一种东西。这样,自我或心是有实体的存在之说,似乎就可以相信了。

反对的意见,以为树木、山岳、房屋等也有同一性,而用不着诉之于它们的本体。物质的东西时时在变化,而它们的保持同一并无困难。必假托于一种不变的本体似乎无谓。在实际生活里,同一和激烈的变化,也可以并行。爱尔兰人的刀,虽然刀片换了好几次,刀柄至少也要换一次,而仍当作是同一的刀。黑人的外裤,虽然经过了无数次的补缀,直至原来的半丝半缕毫不留遗,却始终当作是同一的外裤。假使这些事情是可能的,为什么要把"同一"看成神秘呢?

对于这个反驳的答辩是:以上所谓"同一",已非原来的,而是它的引申的意义了。同一的观念,初从"心"的问题发生,现在却引申而应用于随便什么事情上去了。这很像我们初用"室"来指所居的屋子,而现在却应用到朝代上去,如云某某王室,则家屋的原义已失去,而代以另一意思了。同一的观念,起初是本质的单一、相同、相续的意思。说自我的同一,初指心的本质的单一、相同、相续的意思,可是话未说完,又移用这名词于并没有同一性的事物上去了。物质的相同是另一种相同,我们不能阻止语言上那样的混用,却可以留心而不去误解。要旨是这样:同一的概念,只有在一种限制的,而比拟的意思上,才能够应用于无生物。以树来说:

生命的原素,的确在它的存在的全时期内始终是同一的;但是在各部与各分子继续变化之中,它仅有同一的结构与形式以及同一的各部的适应;物质并不保存着绝对的同一。这种同一性的变通的部分的意义,已不是严格的哲学上的意义,我们还可以拿来形容任何生物的存在。不过我们仅指在同一的结构与组织下的"生命的相续"而已。[1]

无生物的情形,便不同了。假使是有同一性,

> 各分子一定没有变动,因为无生物的本质不在于形式结构或生命原素的特殊,这些它都是没有的。无生物的本质,仅在于构成本身的分子的数量与性质,假使分子的数量与性质稍有变动,便不是同一的本质了。所以无生物当然没有同一性,因为任何物质东西的分子,总不免时时在变动的。如果还要说到无生物的同一性,那就仅以引申的通俗的意义而言了。严格地说,它没有同一性,在任何二刹那间,它不会继续是同一的——虽然有数量的相同;当我们说事物的同一性时,便指数量的相同的意义。[2]

所以除心以外,别的事物除非用引申的通俗的意义,没有所谓同一性。"只有对于非物质的存在,意义严格而完全的'同一',才用得上;因为只有精神的非物质的存在保持着本质的单一、相同。同一的意义,不只是存在的相续,而需要一个存在的本体。"

二、所有(Ownership) 这个问题詹姆士(James)在他的"思想有个人的格式"一题目内已有讨论。他说:各人

> 有他自己的思想。思想与思想间,没有交换作用。除了自己的思想以外,没有人能够直接看到别人意识里的思想。绝对的孤立,极端的

---

[1] Haven, J., *Mental Philosophy*, pp. 253—255.
[2] Ibid.

多元,便是思想的定律。最简单的心理事实,是没有一般的思想,而只有"我的思想"。任何思想,都是个人"所有"的。时间上的同一,空间上的接近,性质与内容上的类似,都不会把隶属于各个心智的分离的思想弄混了。思想的分家,是自然界里最彻底的分家。[1]

经验的个人的格式,是一件很奇特而重要的事实。在某种意义上,思想的确是个人的。反之,物质是非个人的。我们说"下雨"或"打雷",可以不指什么主体;可是我们说到思维或感情,便指一个人的思维和感情。这区别,依心体说而言,就在于人的经验,以自我或心为中心;我们就不得不承认经验所附属而受引导的主体的存在。既说思想属于心或为心所有,就似乎合理的可以说,心不是沉没于思想迁流之中,而是思想迁流的所有主了。

没有一个存在的主体,不会有形状、颜色、感觉与思想。没有一个可运动的东西,想不出还有什么运动。思想不能寄存于乌有,欲望不能无凭而发生。内部的经验证明我有一个做我的动作与意识状态的中心与来源的自我。思想与欲望倏现倏灭,而思想者或欲望者永恒存在。一年前在我的内心里思想的,今天仍在我的内心里思想着。[2]

三、自动与自由(Activity and Freedom) 在自然界里,事情的发生,由于外部的刺激。车辆行动,因为被拉或被推;火药炸发,因为热的作用;植物对阳光雨露起反应而生长。在常人思想里,物与心的相反,就在这一点。无生物是被动的,它们是受外界势力的推动的。反之,心有自主自动的能力,它是自己决定的,所以能够可以对自己的行为的责任。

这种自主自动,给我们以自由与责任的意义。一个常态的人,能够故意做极难做的事情,而抑止自己的冲动与欲望。这样,他觉得他是在行使自决的。

---

[1] James, W., *Psychology*, Vol. I, p. 226.
[2] Hill, O. A., *Psychology and Natural Theology*, p. 66.

我可以不这样想，不这样感觉，不这样行动，这是我可以做主的。不但"可以"，而且是"应该"的。我对于自己不正当的倾向要负责，对于影响我的感情的意见要负责，对于凡是我能够控制的一切倾向，都要负责的。[1]

这种看法是常识所接受的。这样，我们又似乎合理的可以假定：自动性或自决性，是由于有一个控制行动的心的存在。行动的泉源，道德责任的主体，我们怎样能够不承认呢？

四、不死(Immortality) 精神不死的问题，是有永久的兴趣的。大家知道它不是一件如大地的球形，或行星的存在一样的可以证明的事实。但实际上，不死的信念传播得这样广，至少使人们易信为真。如更采取心体说，那么，这信念更有力了。毁坏一件东西，就是把它拆碎，使它不成整个的意思。心既是单一而不可分的，它就和原子一样的不可毁坏。贝克莱说：

我们已经指明心灵是不可分的、非物质的、不占空间的，所以它是不可毁灭的。自然物所发生的运动、变化、衰落、消灭，不能影响到一个自动的、单一的心的实体，没有什么比这更明白的。所以心灵是不能用自然的力来消灭的，这就是说——人的心灵，自然是不死的。[2]

心体说不仅替不死的信念立一基础，并给死的现象以简单的说明。依这观点，死只是心与身的分离，身体分解了，心灵则到它的永恒的境界里去。换言之，死只是身心暂时统一体的分离的别名。如果放弃心体说，不死的信念，也就较难接受了。

当然这个论证，不能算证明了心体的存在，除非先有一不死的假定。所以它到底不能算做论证。不死的信念一被否定，这论证就同时打消。可是如认不死

---

[1] Haven, J., *Mental Philosophy*, p. 553.
[2] Berkeley, G., *Principles of Human Knowledge*, Section 141.

的信念,有理由可以假定,那么,心体的存在又添了一个证据了。

五、概念的构成(Concept Formation)　人类时常使用经过长期而变为习见的概念。习焉不察,也就不想到这些概念的神秘性了。例如,我们随便使用"无限"、"因果"、"能力"、"完全"等概念。这些概念,都含有严重的问题,可是平常不会觉得。若问"无限"、"完全"等概念从何得来,问题就显现了。日常经验里的任何东西,不是无限的,也不是完全的。我们可以相信空间是无限的,但我们所看到的、所触到的东西,显然不是无限的。我们找不出感官直接经验到的无限的东西。无限的概念是一种构造,是人类的心智所构造。这构造决不仅是在量的方面把经验里的事实放在一起就算完事。我们决不能把许多部分的空间相加,而得到无限的经验。部分的空间相加,不会使我们跳出有限的范围。所以无限一概念,它的来源必在于心,而不在心外。换言之,因为我们有无限等概念,又可证明心体的存在。

　　研索到这问题,一定能够明白我们有不能由感官所获得的知识。例如:我们的空间的观念,不仅是我们所经验的空间的总和,而是超越于一切可能的经验的。时间的观念,也是这样。我们能够认识很广大的事物——地球、天空各星球的距离,用望远镜看得到的邈远;但我们知道,这些都是有限的,而又不得不相信还有无限的存在。两条直线不能构成一空间,两条平行线永不相交;这些是经验不能告诉我们,而我们不得不这样相信的。当然,我们不能有完满的绝对、上帝或不死等概念,但是我们有理由相信无限的事物,宇宙的起源,上帝的存在,人的不死等等。在任何方面,理性(reason)的直觉,都冲出了经验的界线,而至少供给开明的信仰的基础。因为理性是这类知识的来源,所以这类知识可以叫做理性的知识(rational knowledge)。[1]

---

[1] Wickersham, J. P., *Methods of Instruction*, pp. 44—45.

我们想到实体的概念的时候,情形也是这样。感官给予我们的,只是一串印象,它不会给予我们以事物的本体。

> 譬如有一片蜡,刚从蜂房里拿出是很新鲜的,还没有消失里面的甜蜜的美味,它仍保持着鲜花的香气。它的颜色、形状、大小,看来都很清楚;它是硬的,冷的,可塑的,敲着有声音的。总之,一切能使物体明晰被知觉的,都可在它身上找到。但如果我正在说话的时候,把它放近火边——它所含的气味要走了,香气消逝,颜色改变,原形破坏,体积增大,化成流质,温度增加,不可塑造了,敲着也没有声音了。这样的变化以后,原来的蜡还存在吗?大家一定说它还存在,没有一个人会怀疑。那么我在这片蜡上这样明晰的所知道的是什么?当然,这决不是我用感官所观察得到的东西,因为一切属于视听嗅味触的东西都改变了,然而原来的蜡却仍保持着。[1]

有时,概念的内容,诚然是从外界而由感觉知觉作用得来的。凭感觉知觉的作用,我们习知硬、香、白、甜等品质。可是,如果只限于感觉经验,那么,我们只会得到这些品质的个别的事例。而许多抽象概念,例如白,不是个别的白,而是白的本身或普遍的白,这概念是怎样得来的呢?为要解释抽象概念,便又有把心看作发生抽象作用的主体的必要了。抽象的观念,决不会自无而生。必须如洛克所说:

> 心把由许多个别事物所得的个别观念变成普遍的。普遍的观念存在于心中,与个别的事物,以及事物的情境,如时间、地点或其他任何伴从的观念,都分离了。这个作用叫做抽象作用;把由许多个别事物所得的观念,变成了同类的普遍的代表,它们的名称变成了普遍的名称,而

---

[1] Descartes, R., *Meditations*, II.

可以应用到所有符合于那个抽象观念的任何事物。心里面这样普遍的型式，不管它们怎样而来，从何而来，或与何物同来；既做了事物的标准，则当事物符合于这些型式的时候，便可以把它们归入相当的类。而给以名称，昨天由牛乳所看到的颜色，今天由粉与雪上看到，抽出这颜色的本质，使它成为这类的代表而给以"白"的名称。它在任何事物上应用起来，都有同样的意义。这样，普遍的观念或名词，便成立了。[1]

所以概念是由创造的活动，或抽象的作用构成。它们都假定着一个心的主体。粗看起来，用心体来解释概念，无论如何是有不可否认的简单性与合理性的。

不管我们承认这些论证与否，心体的信念显然不能就斥为捏造或偏见。经验供给的许多事实，至少在表面上，可用心体的假定得到很简易的解释。所以我们不难了解这种理论为什么这样流行，而至今仍为多数人所相信。在人类史上，它演过许多重要的事迹。以下所论它在教育的理论与方法上的影响，只是它在人类发展的过程上所发生的影响的一点，可是即此一点，已使它在人类史上占着重要的地位了。

参考书

Berkeley, G., *Principles of Human Knowledge*, Sections 1—9, 135—144.

Descartes, R., *Meditations*, II. (关琪桐译：《沉思集》，商务)

Haven, J., *Mental Philosophy*, Part IV, Chapters I, II.

Hill, O. A., *Psychology and Natural Theology*, pp. 63—114.

Locke, J., *Essay on the Human Understanding*, Book II, Chapters XII, XXII. (邓均吾译：《人类悟性论》，辛垦)

Moore, H. H., *Matter, Life, Mind*, Chap. V.

Wickersham, J. P., *Methods of Instruction*, pp. 44—45.

---

[1] Locke, J., *Essay on the Human Understanding*, Book II, Chap. XI.

第三章
心体说与学习过程

若用心体来解释学习过程,首先便须承认一切学习是心的一种活动。但这只是一个起点,深究起来,心的活动是随着情形而变化的,它表现于各种感官与记忆、想象以及反省的思维的使用。这就是说:心有很多各别的功能。这些功能叫做"心能"(faculty),如观察、记忆、意志等。

心能的理论,在人类思想史上占有显著的地位。基于这理论的心理学,就称为"心能心理学"[1](faculty psychology)。有一个时期,这种心理学是很流行的。从这个观点:

> 心智的活动是单一而不可分的。心智并不是由部分组成的合体,而是单一而整个的。不过它的活动,可以有各种不同的形态,对各种不同的对象而起作用。依它的不同的形态,可给以不同的名称,表示不同的功能。可是为学术上便利计而开成的这能力分类的目录,不应该使我们忘记,毕竟这是单一而不可分的心的活动形态,无论是思维、感情、动作或是记忆、想象、判断、知觉、推理、爱、怕、恨、欲等。我们虽称之为"心能",但不应该认它们为组成整体的部分,像组成一个身体的器官一样。[2]

---

[1] 即官能心理学。——编校者
[2] Haven, J., *Mental Philosophy*, p. 29.

从这种心与心能的性质的出发点，教育方法应该是怎样呢？答案是简单的：这些心能越训练得有效，教育也越有效。学生必须学习怎样观察与记忆，怎样运用想象、判断和反省的思维。换言之，一切教育要集中于心能的训练。

要发展心能，除练习（exercise）以外，没有别的方法。这有灵效的"练习"一名词，是人类一切能力所从出的。

这个命题的证据，可从许多事实中找到。感官是越用越锐敏的。记忆力由记忆而增强；推理力由推理，想象力由想象而长进。这些能力，不用便变弱了。这种事实，可由各人自己经验里或观察别人而得到的。从这种事实推论而得的定律，是确定而普遍的。[1]

人们时常以为送小孩子到学校里去，为要他们求得知识。事实上，学校也是花许多时间去灌输知识；而时常举行的考试，也都是知识的测验。若使心能心理学是对的，着重知识便错了。教育上重要的工作不是知识的灌输，而是能力的增长，使它们能够更有效地应付着新的情境。

知识在教育上是次要的看法，是有道理的。当然，应付日常生活的基本知识是需要的。但是人们不会绝对地比照着知识的多少而差异其行为的效能。詹姆士以为有些人是有很好的琐碎的记忆，"他们不费力地牢记人名、日期、地址、逸事、杂闻、诗词、名言以及所有零碎的事实"。有时一个低能者也有这种记忆力。他说："神经的保持力，不一定和别的心智能力有确定的关系。"他从另一位心理学者的报告里引一证据，一个青年，普通智慧低到不容易教他读书与说话。可是"假使给他两三分钟去读一页书，他能够背拼几个单字，好像书本放在眼前一样。……我怕被欺，又用一篇刚拿到手而他从未看过的拉丁文的法律论文来考他，可是他读了几行……很久还记得那页数"。[2]

所以仅是记忆的学习，不就是有价值的教育。若想起我们在学校里所学

---

[1] Wickersham, J. P., *Methods of Instruction*. p. 38.
[2] James, W., *Psychology*, Vol. I, p. 660, note.

习的大部分东西,在短时间内便会忘记,这结论便更有力了。如果记忆是教育价值的唯一的测验,我们可以断言,教育上大部分的努力是无可补偿的损失。反之,如果相信心体说与心能心理学,那么,即使学习的东西大部分遗忘得很快,而教育的价值,还依然存在。纵使学习的东西后来会遗忘,而学习仍达到一个重要的目的。从教育的立场上看,知识的主要价值在于作为训练的材料与证据。即使某些事实遗忘了,它们仍遗留下一种永久的,比只是事实的知识更有价值的效果。"教育是忘却一切学过的东西后所遗留下来的",这话至少有一部分的真理。

所谓教育,与任何时候累积的知识的总和是不相同的。举例来说,体育的运动,大部是靠着运动员的"姿势"(form),这是谁都晓得的。这所谓"姿势",被许多影响所决定。纵欲、迟眠,或因好几天不练习,或因其他缘故,都会有坏的"姿势"。垒球队员,一不练习,会很快地失掉了他的技能。不过如果再努力练习起来,在短时间内,他仍旧能够达到原有技能的标准的。那是说,他并不是完全回复到没有学习垒球前的情形。在好多方面,他的身体的构造与功用已有了永久的改变。例如:他的呼吸系统、循环系统、肌肉的发展、手眼的合作等,都有了永久的改变。它们不会和没有学习以前完全一样。这种改变的重要,有两层理由:第一,他要回复所学习的运动技能比较容易;第二,他要学习别种新的运动技能也比较容易。他对于一般的运动,已养成一种永久的能力;无论怎样,他觉得在别种向未学习过的运动项目上,也比较顺手了。

照心体说来看,这个比喻不仅在身体的训练上用得到,在心智的训练上也用得到。学生因为碰着一个"不幸的"日子,或者因为他的记忆是散乱了,写不出好的试卷。但是他重习所遗忘的材料,会较第一次学习时容易得多。而且他的一般训练能够帮助他学习新的材料,因为他的心智是训练惯了。我们在学校里所学习的,主要的是心智训练的材料。学生们必须记忆、推理、想象、观察、服从教训等等,这些训练,在心智上遗留着永久的效果,一如肌肉的训练在身体上遗留着永久的效果。所学习的个别事实,可以很快的遗忘,而训练的效果是留存着的。如有时所说的,遗忘了的知识,也是有很大的价值的。

当然，心智不像身体，有保持训练效果的肌肉和肺部，但是它的各种心能，也就有相当于肌肉等的功用。心同身一样，有各种不同的功用。我们称这些功用为知觉、思维、意志、记忆、想象等。每个名称都代表心的一种各别的能力。所以心有各种心能，正同身有各种肌肉一样。各别的心能，可以相当地单独地来训练，也如训练身的肌肉一样。

> 身体上各器官，只有用操练使它们强壮与发展起来，不能用别的方法。同样，心的能力，也只有用练习使它们发展。一种能力，不能代替任何别的能力受训练——虽然有时看似可能。语言的能力，由运用语言来发展；观察的能力，由运用观察来发展；想象的能力，由运用想象来发展；推理的能力，由运用推理来发展。训练一种，就只是教育一种；把一种能力训练过分了，不会使别一种能力有增加。观察与想象的发展无裨于判断；推理的训练也无补于观察。[1]

这或者说得过分了。假使用身体的肌肉做比喻，我们就不好说各种心能是完全各自孤立的。我们知道用练习来发展右手的肌肉，虽然练习是限于右手，而左手的肌肉，也会因那练习的结果有点发展。同样，因为一切心能，都与同一的心体有关系，训练某种能力而使其它能力受点影响，也是很可能的。关于这一点，形式训练说者的意见也不一致。有人就这样说："因为心是一个整体，各种能力都仅是心的活动的一面；任何训练一种能力的事物，都会直接影响到其他能力。"

这各种心能互相关系的看法，无须动摇到这个理论的基本。总之，要发展一种能力，适当的方法是直接去训练它。这训练使这能力有永久的差异。所学习的事物当然会忘记，正同足球员过了一个时期会失却他所特长的技巧一样；但是训练的效果，却深入于能力的组织里，而使它有永久的差异。

---

[1] Currie, J., *Common School Education*, p. 6.

照这理论讲起来，训练的主要效果，在于一般能力的发展，而不在于个别技能的养成。而且能力的发展，可以从各种材料中得到。肌肉可由各种方法来发展，心能也是这样。不必顾到所用的材料是什么，重要的就是在于训练。事实上，除注意到有些材料比别的材料对训练的目的更有帮助，正同有些体操比别的体操对发展肌肉更有效率外，其它就不必考虑了。不过事实上纵使我们所记得的是很少，我们总是记牢一点东西，所以记忆有用的事实胜于记忆无意义的缀音。材料的选择，并不是绝对没有关系；不过是次要的罢了。

这个学说，称为形式训练说(doctrine of formal discipline)，它的意义已由名称表明。第一，教育上最重要的是训练；第二，训练的价值，不在于所学习的内容，而在于形式——就是在于能力的得到训练。有了适宜的训练，各种能力便会发展而更有效地应付别的情境。由无意义的缀音训练了记忆以后，个人对于商业事务、人名、脸孔，以及其他需要记忆的东西，都有较好的记忆力了。

这样，这个学说，给予教育是生活预备说一个说明。形式训练说也常与训练转移说(transfer of training)相合一。训练的转移，本可用各种理论来解释。从形式训练说的观点，训练的转移，是训练一科如拉丁，会帮助到别的毫无关系的方面，如物理学或银行学的意思。转移的成功，不是由于把从拉丁中学来的任何东西应用到新的学科上，而是由于从拉丁中得到能力的增加。不过用别种方法来解释，训练的转移也是很可能的。学习一科，会于别科有很大的利益，是由于材料或方法上的适应，不一定由于能力的增加。我们没有充分的理由，说这不应该也称为训练转移说。事实上，许多作者，虽然反对形式训练说，却自谓是信仰训练的转移的。从这点看，训练的转移，是把旧经验应用到新情境的意思。而这不就是形式训练的意思，因为形式训练，只是转移怎样发生的一个解释。这个分别是重要的，因为这样，则排斥了形式训练说以后，我们还是有方法来解释训练转移的。

形式训练说对于课程的编造，有显著的影响。如认教材的选择是比较次要的，那么现代教育上科目的繁多与分化，便没有充足的理由了。实际上，课程的扩充，反妨碍了教育的目的。学生们记忆着许多事物的片段，而未获得真正重要

21

的训练。而且许多新材料，比不上旧科目的有训练的功用。例如：数学对于训练思维，比速记术、打字或公民学是适合得多了。能使课程包含比较少数有完善组织的科目，教育可以更经济而更有效。用能力发展的价值做选择教材的标准，我们可以得到一个更有效的课程。

从这观点来讨论课程的编造，便会规定以数学来训练推理，文学来训练欣赏，自然科学来训练观察了。这样组成的课程，虽然绝少自由选择的机会，却是内容较少而较适合于学生全体的需要的。学生感到兴趣的东西，不就是他们应该学习的东西。兴趣的理论是易于引入歧途的。因为不能深切体认能力训练的必要，而跟着一时的兴趣而迁移，教育是可以变成浪费而无用的。

说到形式训练说怎样影响于课程是有趣的。教育史上，常以洛克为形式训练的第一个倡导者。在他的时代，教育当然是早已公认的事业，而已有一种确定而一致的课程。这种课程，是社会组织的某种形态的表现。希腊的社会，包括自由民与奴隶。中古的社会，则有封建领主与农奴的阶层。后来农奴制度逐渐消灭，可是在这变动中与变动以后，社会依然有闲暇者和劳苦者的分野。社会是固定而阶级化的；一个人的社会的地位与机会，是生下来便决定好的。相当于闲暇阶层与劳苦阶层的社会的划分。便有文化教育与职业教育的对立。在民众的学校教育里，只有读、写、算等工具的科目；而少数特权者的教育，则采取古典的课程。古典的课程，并没有职业上的实用，不过使个人能接受古代文化的遗产，给他可以做"士大夫"标识的好尚与举止的陶冶。结果，这种教育是使社会的阶级化更加强而深刻了。

或许有人想，形式训练说既变成坚强的信仰，应该可以减弱一点古典课程的势力。如果教育上重要的是训练能力，似乎就没有特殊的理由使教材的选择限于古典的课程。但是旧势力太强了，结果，形式训练与古典教育互相提携。而因这提携的结果，古典在教育上的影响更延长了。无论怎样，关于古典教育的许多论证之一，便是以为古典文学供给训练心智的最好教材，攻读死文字的磨难，成为训练能力的最好机会。而且通常还这样想：古典文学是人类最优秀的心智的产品。因为最完美的模型，不仅是思想的，连艺术与文学的也在内，都要到古代的杰作里去寻求。因此古典在课程里所以占着最重要的地位,一面因为它供给训练能力的最好的教材,一面也因为它给予青年以心智发展的最好的模式。

所以实际的结果,形式训练说就把教育限于呆板而预定的标准了。经过很长的时期,科学与科学所引起的社会变动,全没有得到课程上的承认。人生的理想,教育的理想,都保守着古典的模型。教育的任务,除以读、写、算等代表了实用以外,便是把学生陶冶成标准的模式了。

不过公允地说,形式训练与古典课程,原没有必然的关系。这个学说所要证明的是:比较单纯的课程,可以达到教育的主要的目的;教学的方法,可以无须注意到学生个性的差异。因为心智是人人相同的。例如记忆的能力,是人人有的。能力的强弱,各人可有很大的不同,而能力的本质,却是一样。所以同一方法,可适用于人人。教师当然应该使教材的难度适于学生的能力,但只有这一点,算是他所要了解的教育方法了。

现代教育着重兴趣。而从形式训练的观点上看,兴趣是次要的。当然,学生对于功课感到兴趣,学习更加持续而有效。但兴趣决不是不可省的条件。一个孩子,可由有组织的训练获得良好的身体的发展。不管他对于这种训练喜欢与否;可以被迫着做工,而得到肌肉与别的器官的发展,不管他对于工作的兴趣如何。同理,一个孩子修习发展心智的学程,他的能力自然增强了,不管他对于这种学程喜欢不喜欢。重要的是看工作的结果。体罚也有时是兴趣的有效的替代。

这不是就说个别的目的在教育上没有地位。一个孩子可以有职业的训练,一如他可以有特殊的身体训练。但是要使教育发展思维,它的重心应该放在一般训练上,不应该放在特殊训练上。倘使这是对的,那么,今日教育活动的大部似乎都错误了。我们重视个性差异,我们竭力顾到个别目标,尽量地倾向于专业教育,而不注意于一般训练。这些都是与形式训练说背道而驰的。形式训练说是对现代教育的一个挑战。除非我们能够证明心体说以及由它所诞生的形式训练说都有严重的错误,那就不能避免现代教育的大部是错误与浪费的结论了。

参考书

Currie, J., *Common School Education*, Chapters Ⅵ, Ⅶ, Ⅷ.

Payne, J., *Lectures on Education*, Introduction.

Thorndike, E. L., *Educational Psychology*(*Briefer Course*), Chap. ⅩⅧ.(陆志韦译:《教育心理学概论》,商务)

Wickersham, J. P., *Methods of Instruction*, pp.37—45.

第四章
形式训练的反抗

形式训练说,久已成为欧美有权威的教育哲学。偶尔的反响,诚然也可听到,尤其是从赫尔巴特派(Herbartians)的营垒里。可是这些反响,没有发生很强烈的印象。到本世纪的开头,剧烈的反动来了。形式训练的排斥,教育上特殊目标的坚持,多少已成为时尚;而思想的态度完全不同了。

在教育上,和在政治上一样,革命是要经过长期酝酿的。一种思想与行动的习惯流行得很久,改变起来就很难。要扫除惰性的障碍,先要逐渐增厚新生的力量;而改变的结果常比表面事实所指示的来得微薄。例如,法国大革命的爆发会使观察者假想,法国人民将永久放弃帝政了;可是几年之内,在拿破仑统治下,帝政又复活起来。革命不能骤然改变人民的思想习惯,正和新年的誓愿,不能一朝改变人们的生活习惯一样。对于形式训练的反抗,也是逐渐增厚了新力量而后爆发的。我们费了很大气力,才使教师们知道形式训练已是残破的信条。但是旧说的残余势力,并没有全去掉。心体和训练的概念,并没有全消除;它在整个旧文化里,已种下了深固的根苗。要把人们的态度与信念彻底改组,实在是不容易。为促成这种改组,我们必须检讨教育理论与方法上所以放弃那旧观点的理由。

前章已说过,关于各种心能的相互关系,即赞成心能心理学的人们,意见也不一致。一种看法,以为它们的关系是很密切的,发展了一种,可以增进其它各种。另一种看法,则把心能看做各自孤立的。照第二种看法,用某种材料来练习一种能力，会使这种能力对于新材料的应付也加强，但对于别的任何能力，不会有影响。例如，记忆着一本都市指南里的名称，可使记忆力加强，使它对于一个郊游的琐事、宴席上的漫谈的记忆更有效。但是不能使观察力与推理力加强的。这一种看法更流行些。无论怎样，形式训练的争点，已集中于练习一种能力能否使它应付新材料时也较有效的一问题上。

不管采取哪种看法，形式训练说，都有这样一个主张：练习一科如拉丁文、文法、数学等，会使不相干的科目如历史、文学等的能力加强。至于能力会加强到多少，却是一个未定的争论。如桑代克（Thorndike）所说：

> 学生日常在学习中所构成的各种特殊反应，能够增进一般的心智能力到多少的问题，谓之学习之训练的效果的问题；简单些，谓之形式训练的问题。例如，学习计数的正确，对于记账、权衡、测量、讲说轶事、鉴别人品等等的正确，有多少帮助？学习推理与牢记几何学上问题，对于政治评论、宗教信仰、婚姻问题等，有多少思维能力的长进？在学校里对于教师服从的习惯，会发生多少服从父母、服从法律与服从"良心"的习惯？[1]

前已说过，形式训练说这样深入于教育的理论与方法，在公开的对它攻击以前，先须增厚反抗的力量。以前反抗的论调，已时时发生过了。最后，总清算的日子到来，形式训练说，才不得不归于惨败了。反对的论证，可以分为三类：一、观察与实验的证据；二、生理学的论证；三、理论的论证。

关于观察与实验所得的论证，我们可以说，只要一旦开始怀疑形式训练，便不难找到许多相反的事实。例如，不诚实的证券交易经纪人的顾客名单上，列着容易推销无价值的证券的主顾的姓名。这些人在商业上，同孩子一样的可欺。

---

[1] Thorndike, E. L., *Principles of Teaching*, p. 235.

第四章　形式训练的反抗

而在这名单上,教师与医师们的姓名,竟高居前列。这就是说,教师与医师,虽然受过智慧的训练,而对于证券的购买,却没有良好的判断。这与我们根据形式训练说所预期的结果,简直是相反的。

据说有一个赌徒,打有暗号的纸牌,他自己张张认得清楚的暗号,在别人看来很是模糊的。就是告诉他们,几乎还是不能辨别的,这赌徒总算有惊人的眼力了,而对于这种特殊的观察,总算有很好的训练了;可是他却未注意到自己住屋的檐前,有好几种的麻雀。一方面的观察力,不一定会转移到别的方面,又是一个实例。

这类例子是很多的。航海家的观察力,能够侦察别人所注意不到的气象的预兆,却不会正确报告社交妇女们所着时装的格式。拿破仑任命著名数学者拉普拉斯(La Place)为财政部长,便发现某一方面的理智,并不能保证在别的方面的能力。拉普拉斯在任仅12个月,拿破仑就免了他的职,还加以讥慢的批评,说他只能解决无限小的问题。

这些观察都是很有暗示的,不过是太随便,太没控制,不能认做结论。经过若干时期,精密的实验出来了。在前导者之中,詹姆士为要决定练习是否有加强记忆的效果,做了几个记忆的实验。内中一个是这样:

在继续八天内,我记忆雨果的《人羊之神》的诗158行,所需总时间是$131\frac{5}{6}$分钟——不过我好几年没有背诵过东西,这是应该声明的。后来我每天费了20多分钟,共38天,背诵《失乐园》第一编的全部。这次训练后,我再去记忆雨果诗的后一半,结果158行(分成与第一次完全相等)需时$151\frac{1}{2}$分钟。换言之,我记忆雨果诗的速度,在训练前,是每行50秒钟,训练后,是每行57秒钟,正与普通见解所预料的结果相反。[1]

---

[1] James, W., *Psychology*, p. 667, note.

这个实验是不可靠的。因为詹姆士自己也说过，当他第二次记忆雨果诗的时候，因工作过度，感觉疲劳，正如柯尔文（Colvin）所说，"使整个的实验无效了"。不过詹姆士谓我们的先天的保持力是不变的，记忆的改进由于记忆方法的改进，在引起对于形式训练的怀疑，而由另一条路去研究训练转移的问题上是很重要的。

对于形式训练真正开始攻击的，还是桑代克与伍德沃斯（Woodworth）1901年的各种研究。这些研究，比詹姆士的记忆的实验，较有慎重的控制了。他们向正统学说投下一炸弹。他们指出，心能心理的旧说，只是误认名词为事物。例如，有人能够机敏地找出拼错的字，我们便以为这人有机敏的能力；可是这种机敏不能保证他在别的方面，如运算上，也有机敏。我们不应该因为对两种作用，同用机敏来形容，便说两种作用是一样，而同是由于机敏的能力。

现在我们只须略述这些实验的结果。在这些实验里，被试人先受某项的训练，如估量卡片面积的大小，估量轻重，删去印刷品上所有某种字母如 e 与 s。这种训练经过一定的时期，进步的情形也记录了下来。然后叫被试人做别种相异而有关的工作以决定从前训练的效果。例如，一个被试人对于删去 e 与 s 已有很大的能力，再叫他删去别的字母，如 a 与 n。根据心能心理学，可以预期由练习删去 e 与 s 所得的能力，一定会毫不减少地转移到类似的工作如删去 a 与 n 上。可是事实上，这个预期只成了泡影。

> 察看含有 e 与 s 的字的训练，在速度与正确上，都有了定量的进步。但后来察看含有 i 与 t、s 与 p、c 与 a、e 与 r、a 与 n、l 与 o 的字，拼错的字，以及 A 等的能力、速度方面，仅增进到特殊训练过的能力的 39%，正确方面仅增进到特殊训练过的能力的 25%。察看动词的训练，使时间比原来减少了 21%，使遗漏比原来减少了 70%。至于后来察看别种词类的能力，时间仅减少了 3%，而遗漏反增加了 100% 有余。[1]

---

[1] Thorndike, E. L., *Educational Psychology*, p. 50.

这些结果,是不利于心能心理学与形式训练说的。材料的性质相差这样的近,而训练的转移尚这样的少。那么,训练一种科目如数学,会对于不相关的政治或实际情形的推理,有良好的准备的假定,显然没有保证。由于训练而得的进步的范围,过于褊狭,不合于形式训练的传统观念了。

别的专家的研究也证实了这点:

> 学校课程上认为重要的能力,如算术上的敏捷、拼音上的正确、图形的注意等,似乎都很特殊化,而不是某种一般能力的转移的结果。我们没有什么一般的敏捷、一般的正确、一般的观察,正同没有什么一般的记忆一样。拼音上的正确与乘法上的正确无关;算术上的敏捷与指出错字的敏捷不一样;找出印刷品上"儿童"一词的能力,不能保证那个人就会很容易而正确的找出几何的图形。[1]

巴格莱(Bagley)与斯夸尔(Squire)研究清楚与正确的训练的转移的实验,是常被征引而饶有趣味的。一班小学三年级的学生,每上算术课时,必令其算术卷子写得清楚而正确,不过当他们上别科时,不提醒他们这样做。经过了三星期的训练,算术卷子上的清楚与正确,有显著的进步。而在语文与拼音上,清楚与正确不但没有进步,反而退步了。正确退步的分量,几与算术里所得进步的分量一样多。清楚退步的分量,几等于算术里所进步的一半。结果是这样的失望,使研究者决定终止了他们的实验。[2]

第二类对心能心理与形式训练的攻击,是由于生理心理学的发展而来的。基于心体概念的旧心理学,与生理学无多关系。可是不管我们对于心的性质是怎样看法,而我们的心理生活受着身体的影响,却是无可怀疑的。

---

[1] Norsworthy, N., Formal Training, *New York Teachers' Monographs*, 1902. pp. 96—99.
[2] Bagley, W. C., *Educational Values*, p. 189.

脑部如受伤，则即使身体的别部各种器官都照常，意识作用也会停止或失常。头受重击、出血太多、中风等，都可使意识作用停止；酒精、鸦片或麻醉剂，都能够使意识作用失常的。热病时的昏乱，疯癫时的变态，都由于某种杂质循环到脑部，或脑部自身起了病理的变化。脑是身体方面直接影响到心理作用的条件，今日已普遍承认，用不到再加说明了。[1]

心依于身的认识，已是百年前骨相学的发展的结果。骨相学的理论是有趣的，因为它是代表心能心理学与生理学的糅合。它有很多的证据来指明脑部各区代表各种不同的功用。因此生理学者说到视觉区、听觉区、触觉区等，而把心理作用区域化了。骨相学者以为心的各种能力，在脑里都有一定的部位，某种能力有特殊的发展，头盖骨的某部分便一定会凸出来。所以仅检查人的头盖骨，便可知道他的心智的特点。

要使这理论成立，又须把心的能力全部列举出来。骨相学者不用抽象的名称如推理、想象、知觉等，而要指明行为的显著的特征，如性欲、斗争、忠良之类。把这些特征分做许多能力，而设法使它们同头骨的形状联系起来。所以照高尔(Gall)的骨相学的体系，"脑是包含着三十多种各别的器官，这些器官是最复杂的心理能力如好斗、敬神、事实的认识、自存的冲动、后裔的爱护以及语言的知觉等的所在地"。

生理心理学的发展，是骨相学与心能心理学的极大的打击。最显明的，能力的训练，如记忆训练，除非能同时增进脑的功用，并没有多大的利益。如詹姆士说，有些人的脑"像胶一样，一振动就有痕迹，但在平常情形之下，并没有永久的保持性"。所以尽管想出方法来牢记特殊的事实，而要使他增进一般的记忆力，却是很难。脑的保持性是一种生理的性质，大概是不能变化的。

这样，生理心理学加强了对于训练增进能力的怀疑。并且进了一步，对于心

---

[1] James, W., *Psychology*, Vol. I, p. 4.

能的存在也根本怀疑了。例如,脑里没有一个记忆的中心,记忆作用包含着各种中心。有时所记忆的是颜色,有时所记忆的是声音或味、臭、形状。若必用中心来解释,我们只有说:记忆的各种特殊活动,是联合许多中心的过程,而这些中心,因记忆的性质而不同的。换言之,记忆所需的,不是一个本体的统一,而是一种功用的统一。记忆一件特殊事物,是把各种成分如色、声、地位、情调等放在一起,组成整个的图形,而这些成分的生理的组成,并不集中于脑的某一部分,而是全脑的一种活动。所以要由检查头骨的形状来决定记忆力的存在,只是白费功夫而已。

从生理学的观点说,记忆仅是一种"适应的行为"(adaptive behavior),就是许多个别活动照着当前的需要的一种统合。每件记得的事物,各有它自身各别的生理的基础。我们不止有一种记忆,而有许多记忆。在原则上,记忆的活动,同其它眼与手足,都合作着应付情境的急需的适应行为是一样的。若用记忆的能力来解释记忆,同解释汽车的行动说是由于构造的能力一样。这样解释的谬误在于以名词为解释。不只这样,凡适应的行为,都是依着情境的性质而有变化的反应的合体,这一点也被忽视了。

总结前面的讨论,所有的证据都是反对传统的形式训练说的。形式训练说,以为心的各种能力,可如肌肉一样的训练,而增强各种能力后,必定会使它们在新的不相干的材料上有很高的效率。实验的研究反证了这个观念。生理学的事实,更指明知觉、记忆、推理等活动,并不是什么心能,而只是反应,在这些反应里,整个的神经系统,都是对着当前的情境的。至于第三类的理论的论证,将于下章说明。总之,历史演进上所必有的旧的心的概念,今日已不能成立。而要解释心智的生活,要获得教育方法的正确的指导原则,只有另提新的概念了。

参考书

Bagley, W. C., *The Educative Process*, Chap. XII.

Colvin, S. S., *The Learning Process*, Chap. XIV. (黄公觉译：《学习心理》，商务)

James, W., *Psychology*, Vol. I, pp. 653—676.

Norsworthy, N., Formal Training, *New York Teachers' Monographs*, Vol. IV, 1902.

Thorndike, E. L., *Principles of Teaching*, Chap. XV.

Whipple, G. M., *Twenty Seventh Year Book*, Part II, Chap. XIII, The Transfer of Training, National Society for the Study of Education.

第五章
心体说的谬误

如前章所说,心体的概念是一种自然的原始人经验里所必有的发展。因为人在远古的时代,不明了各种事物的相互联系,他只有把每个事物作分开的、独立的能动的东西来看。等到人发现了事物间各种关系,他就有了受着外界势力推动的物质的概念,而知道自己是一个自动的、有目的的存在。这种自动性与目的性,因为他不能用个体与环境的关系来解释,便容易把它看作一种本体了。

所谓"心"或自我,照那样说,是我们直接经验所知觉的。任何常态的人都有自己存在的直觉。在对这问题未加思索的常人看来,这种见解是很合理的。他很易相信,自己的存在是有不可辩驳的证据的。不过假使叫他去仔细辨别他的身的存在与心的存在,这证据就不会那样有力了。身的存在是确实的,只有诡辩的玄学者才会怀疑。如以心为詹姆士所总称为"意识之流"的痛苦、恐惧、欲望、意志、知觉、梦等等的集体,那么心的存在,或者也是显明的。可是心体说里所说的"心",不是一种"流",而是一个"体"。它是永恒的,它是力的泉源,它是不可分的等等。这样的"心",我们可以说它的存在同齿痛一样的直接与确实吗?

这样一问,便觉得立脚地是不怎样稳了。许多观察者报告过这个问题,他们都是不很乐观的。实在说,那种意义的"心",现在心理学已不承认了。休谟(Hume)早说过的:

当我很亲切地观察所谓自我的时候,我只发见热、冷、光、暗、爱、恨、苦、乐等特殊的知觉。没有任何知觉,则我在任何时候找不到自我;除知觉以外,我从未观察到什么。如我的知觉暂时离开,像熟睡时,我便感觉不到自我,而很可以说它是不存在了。若使我的一切知觉因死而离开,那么,我将无思无感,无爱无憎,而自我也完全消灭了。如其有人经过慎重而无偏见的考虑以后,仍有与我不同的见解,我只有自认我不能再和他理论了。我所能允许他的,只是他有权利那么的想,同我有权利这么的想一样,而关于这个问题,只好算我俩的意见根本不同。他也许能够知觉到他的自我,有单一的相续的存在,虽然我确信我是没有。[1]

休谟的见解,似乎是对的。既然除意识经验以外,"心"不能够被直接知觉,那么,心体的信念所余的根据,就是心是解释我们的经验所必要的了。为了解释我们的暂时倏起倏灭的经验,我们必须假定一个根本与经验不同的永恒不变的本体。它虽然不是经验的对象,却仍是一种令人不得不信其为有的存在。第二章所列各种论证的要点,也就是:除非用心体来解释,许多经验的事实,就难以了解了。

心体说如仅有哲学上与神学上的关系,我们尽可把这问题让给有兴趣的专家去研究。无奈这问题有重要的教育的含义,已不是纯粹学院的一个论争了。近年关于心能心理学与形式训练的讨论很多;所得的结论,也常不利于那种旧式的信念。不过这些旧信念,已是根深蒂固,而不易骤然改变。教师们研究心理学的时候,常不觉得他们所学习的与心体的信念的不符。结果,他们虽滔滔不绝地谈着废弃旧说的理由,而其实并未克服心能心理学与形式训练的信念。

现在要批判第二章所列举的心体说的论证了。这些论证,虽似有相当的合理性,而一经检查,没有一个能够成立。

一、**同一** 依心体说,同一性必须推到一个心的本体。但是这个论证,显

---

[1] Hume, D., *Treatise of Human Nature*, p. 252.

然包含着某种假定。动物与植物,也有若干同一性。一份人家,可以多年养着同一的狗;波士顿附近的一株树,数十年来,人们指给旅行者说,这是当年华盛顿在它下面指挥革命军的树。我们对于狗的说法固可通融些,而却不好说树也有一个心体。所以如果同一必须以心体为说明,那么,用在无生物上的同一的意义,与用在人类上的不能一样,这是很显明的。

这意义的分别,以前已经指出。旧说以为同一的真意义,是"不变的本质";而其他的意义,都是引申的。我们初由心的不变的实在,得到同一的观念,以后才把这个观念扩充到别的类似的东西上去的。

可是照这样说,这论证的合理性也就立刻减少了。同一的观念,真的要假定一个"不变的本质"吗?日常生活里,我们所谓"同一"与什么不变的本质,简直毫无关系。同一不同一,是从某一观点或某一目的而言的。例如,一个人变疯了,他仍是同一的人吗?这答案全视发问的目的如何而定。对于以前行为的负责,法律上认他不复是同一的人了。可是为了某些别的目的,他却仍是同一的人。他仍可继承他的父母的遗产,至少他的一份的产业应该提出交人代管。在这些事情上,同一性的问题,很可以发生。在第一种情形里,当一个人犯法的时候,法庭里可以请精神病的医者来决定他是否同一的人。在第二种情形里,可以把出生证以及其它文件,呈到法庭里来证明他有继承的权利。这两起案子的侦查,目的是完全不同的。当法律上发生了同一性的问题的时候,法庭里是不管玄学的问题,而是只管纯粹实用的问题。

怎样用观点来决定同一性的问题,可再用爱尔兰人的刀来说明。依物主而言,虽然换过一次刀柄好几次刀片,而仍是同一的刀。可是有人如巧辩的说,假使有人,拿到旧的刀柄与刀片,把它们拼合起来,这个人(不是原来的爱尔兰人)就是同一的刀的物主,我们将如何回答?假使以组成的部分是否同一来决定同一性,那么,这刀当然是同一的刀。不过,这样说,一株树继续生长的,便不是同一的树了。就另一方面说,假使以功用与占有的继续来决定同一性,那么这拼合起来的刀是有同一性的,也同样显明。这全是观点上的问题。

说同一必须假定一不变的本质,必然地陷于双关的论体。一,如果同一的观念,有一个来源,那么,拿不变的实在来解释,也没有解释什么。(本来老是同样的东西,显然不能解释什么。)反之,二,如果同一的观念,是从日常经验里引申出来,那么,为什么又要用什么心体来解释呢?

不参照着目的或观点,便无所谓同一。宇宙间没有一件东西,可以在继续两个刹那里保持着完全的同一。例如,一个物体的重量是时时变化的。根据物理学,物体的重量,决定于它同别的物体的关系。可是,这些关系时常改变,它们永不会完全同样的。天空里星体的运行,影响到整个物质宇宙的引力。同样,一个物体上所看得见的颜色,是决定于各种因子,如大气的状况、太阳的地位、观察者的网膜的情形等。前一刹那的情形,永不会完全重现一次。绝对的同一,只是玄学家的幻梦。现实生活里,所谓同一,是参照着某种目的或观点的。

这样,我们有理由作一结论:要解释同一。心体的概念,是完全用不到的。一个人天天都是他自己同一的人,不是因为他有不变的心体,而是因为完全不同的理由。他今日与昨天,是有同一的职业;他仍是某人的儿子,某会社的一员;总之,他的现时的存在,是与许多事物联系着,而成其所以为同一的。当他向商店付账,当他支领薪水,当他拿出生证来证明他的国籍,或当他请领护照游历外国时,他常常顾到这同一性。可是他付账款,因为他是债务人;他领薪水,或拿他的出生证,因为他是关系人;这些都用不到一个心体来解释的。

二、**所有** "思想是有主的"。如詹姆士所说,这"我"是时常挤进我们的经验里来的。这事实无可否认。而它的意义,却完全是另一问题。现在只要指出,"所有"不能解释假定存在于暂时的经验与永久的心智间的关系就够了。这名词的普通意义,原不能应用到这里所讨论的问题上来。说一座房屋或一套衣服是某人所有的,我们是指着法律的关系而说的。他可以把房屋出卖,他可以把衣服改成自己喜欢的样子——就是对于这些东西,他有某种特权。可是说思想是心体的所有,显然不是这样的意思了。

有时,"所有"一名词,又另有一种意思。说一件东西属于另一东西,是指形体的联属而说的。尾巴属于狗,叶子属于树,颜色或形状属于房屋。所以又说,狗有尾巴,树有叶子,房屋有颜色。在这些例子里,这所有者是被有者所附属的东西。但是这样的意义，用到心与思想的关系上来，显然又是很不适宜的。思想并不是形体的附属于心智，像邮票贴在信上，颜色附着于物体上。总之，法律上的所有与物理上的所有，都不能给我们一个心体。我们假定一个心体，为的是要解释各种经验的事实，而现在却发现它一点也不能解释。说思想是心所有的，只是给它一个名词，并未予以解释。既然这样，为什么提出一个心体来呢？

三、**自动与自由** 在许多人看来，我们有努力，并决定用力的多少与方向的直接感觉，是心体的存在的一个强有力的论证。我们有自动与自由的直接感觉，不能否认。不过问题的争点，是从这事实得到什么推论。我们能说自动的感觉是源于心体的吗？

多数心理学者不这样主张。他们以为自动的感觉，不源于心体而起于身体的肌肉。詹姆士说：

> 当我们凝视或倾听的时候，我们被动地调整着我们的眼睛与耳朵，转向着我们的头部与身体；当我们尝或嗅的时候，我们把舌、唇与呼吸向所尝、所嗅的对象去适应；在抚摸一个平面的时候，我们用适宜的方法来移动触官。在这些动作里，除在积极方面有肌肉的收缩以外，我们还抑制着别种可以妨碍结果的动作——我们尝的时候，闭住了眼睛，听的时候，屏藏了气息。其结果是注意集中的一种感觉。这器官的感觉，与它的对象相比较，我们认器官的感觉是我，而把对象算作非我。于是把器官的感觉，认为自动。其实这是我们的器官调整后由器官所得的感觉，正同任何外物的感觉一样。任何刺激，会使感官起有反射的调整，而发生两种结果：第一，更清楚的对象；第二，所谓自动的感觉。两者都是内传的（afferent）感觉。[1]

身体的感觉，为什么被错认为心体的直接的感觉呢？重要的理由是：我们

---

[1] James, W., *Principles of Psychology*, Vol. Ⅰ, p. 435.

有许多反应,是这样微妙而复杂,实在不易分析。所以给我们一个印象,于粗笨的身体活动之外,还有纯粹的精神的活动。再引詹姆士的话,自我的感觉,"仔细检查起来,包括着头部或头部与喉部间特殊的动作……精神活动的感觉,实在是许多人所没有了解的身体活动的感觉"。这指示我们心的直接的感觉,还成问题。身体的感觉,既至少组成自我的感觉的一部分,那么,就说组成了整个的自我的感觉,也很可能了。所以自我的感觉的存在,不是心体的直接的证据。

在人们的思想的背景里,常有心体与自由意志是结合在一起的残留的观念。这观念,一加检讨,也便失了大部分的合理性。即使在某种意义上,说人类会行使自由,也不能说心体的存在,会给自由的性质以什么解释。人在悔悟的时候,觉得他以前可以不那样的做。他的心,可以不那样的决定,但是事觉上心为什么那样决定呢?它是受环境的指导吗?倘使是的,则同样情境再现的时候,它不会引起同样的反应吗?若说心的决定,是有内在的原因的,那么,自由不仅是一个危险,并且是一个神秘而可怖的东西了。假使有人无故殴打警察而被捕,在一种意义上,殴打是自由的动作,它不是由于外界的迫促所致的。那么,究竟为什么有这种动作呢?唯一的答案,便是这犯罪者因为觉得那样做好,所以就那样做。要拿出理由来,我们就得说明动作是受着外部的决定;不拿出理由来,则自由变为无理性的代名词了。心体不是解释,而只是躲避解释。

这番讨论,对于自由意志的问题并未有所偏向。其要点只在于心体的推论,在自动与自由的事实里,并无显明的保证,也不会使我们了解自动与自由的性质。像在"所有"问题里一样,我们只是用名称来代替解释。用作解释的心体,反比所解释的事实更神秘了。

四、不死 这个论证本来是假设的。假使不死是事实,那么心体的存在,是一种适宜的解释。可是我们应该注意:第一,心体的继续的存在,不一定保证它在死后继续有意识;第二,要了解心与意识的关系是很困难。即使都可能,也还不好说心体的假定是唯一可能的解释。例如,有人就主张现在生活与死后生活的联系,是一种物理的性质,用不到包含什么心体。这种主张,固然也是模糊的猜想;而不死既有各种解释的可能,我们便不能假定不死的信念与心体的信念有必然的关系。

假使问一个谨慎的生物学者,智慧在所从产生的个体消灭以后,是怎么样,他大概说:在生殖过程中,祖先的经验,一代一代的传递着。在人类,由极小的原形质,把身与心以至无量数人的经验,由父母传给于子女。所以即在我们有限的知识限度以内,个人的智慧种子,能够以一点极小的物质而保存滋长着的。在某种情形下,死时离开身体的复杂的生命,或者也能够于物质的状态里存在的。[1]

五、概念的构成 旧说以无限、完全等概念为心体的证据;因为这些概念,不能从经验引申出来。此说也是很可怀疑的。例如,完全的概念,其性质是相对的。相对的完全,就是某一事物,就当前的目的而言,算是完全的意思。我的表,虽然不可用作记录赛跑的时间,却可完全作我准时回家午饭用;一架汽车,可以完全把我按时载到某一地方;一书本,可以完全作纸压用;一枚钉,可以完全作钉板的螺旋用。日常经验里,尽有充分的材料,可以发展完全的概念的。

无限的概念,或者比较含糊些。不过当我们说空间是无限的,我们的意思是怎样呢?事实上,我们指在空间里任取一点,由这点,可以向任何方向移动。空间里所有的点,都有这个性质。这性质,由我们的经验得来,也就是空间无限的意义。同样说数目是无限的,就是任何数目,无论怎样大,总可以再加上一个数目。凡应用于空间、时间,或数目上来的无限,并不指一个"无限数"。"无限数"的观念,很像圆的方形,是没有数目的数目了。所以"无限"实是一种手续,仅指我们对任何数目,常可再加上一个数目的意思。凡有这种性质的经验的对象,皆可称为无限。用不到提出一个心体来解释的。

以上的检讨,归结到解释各种经验的事实,无须一个心体的结论。但是反对心体的论证,却可以更强烈些。如以前所说,心体是一种推论,不是直接经验到的事实。用经验的事实,来推论出一个不在经验范围里的东西,是否可以,是成问题的。

---

[1] Shaler, N. S., *The Individual*, p. 304.

在某种意义上，那样的应用事实，是很可以的、很普通的。例如，关于地心，关于分子的大小与形状等的推论，都是不在我们经验之内的。而推论的时候，仍然用到经验的材料。没有人看见过地心，可是我们习知别种东西的中心，用类比的方法，构成一个类似地心的想象图形。同样，分子虽然看不见，而对于分子的想象的构成，却无妨碍。理论上，我们可以用极精密的仪器来看到分子，可以在地面上掘下去，达到地心。换言之，当我们讨论这些概念时，我们在用想象扩充我们现在的经验。所以我们仍在经验范围之内，我们用经验来思维，而遵守着经验的定律。

可是根据心体说，心是永远不会经验到的。经验与经验所属的心体间，有固定而不可变的区别的。所以心体是超越经验的。它不仅是我们永远不会直接经验到的东西，而且是我们不能根据经验事实来想象构成的东西。这就是说，心体不仅不能解释什么，自身是根本不可解释的了。

现在我们可了然于现代心理学者排斥心体说的理由了。他深信用心体来解释，不是解释，只是放弃解释。那种解释的方法，是用未知来解释所知，是违反科学的方法的。心体说，不是解释，实际上只是提出一些名词。这很像以催眠性解释催眠药一样。心体的信念，虽仍在流行，而在现代心理科学上，已只有历史的兴趣了。

参考书

Bode, B. H., *Fundamentals of Education*, Chap. Ⅸ.（孟宪承译：《教育哲学大意》，商务）

Hume, D., *Treatise of Human Nature*, Book Ⅰ, Part 4, Section 6.

James, W., *Psychology*, Vol. Ⅰ, pp. 291—305, 342—350.

Otto, M. C., *Things and Ideals*, Chap. Ⅹ.

Schiller, F. C. S., *The Riddles of The Sphinx*, Chap. Ⅺ.

Shaler, N. S., *The Individual*, p. 304.

第六章
意识说

如前几章所说,心体的理论,碰到许多严重的困难。时代的进展,并未把这些困难减少。现代心理学者,到处排斥这个理论,不单因为它是还未证实,并且没有证实的可能,而是因为它是根本不可理解的。诚知道传说的势力与想象易于使人把作用看成本体,则对于普通人不顾心理学者一致的放弃,而仍坚持着心体的信念,或者无须惊奇。可是一个新的较正确的心智的理论,却成了急要了。

本章的任务,在指明一个新的心智的概念,怎样从旧的学说里蜕化出来。我们先讨论感觉的问题。以视觉为例,常识不觉得视觉有什么问题,要看的时候,我们只要把眼睛转到适当的方向,便会摄取对象,那是很简单的。

可是一加研究,问题便不简单了。说心会摄取对象,只是一个比喻。一个人望着一座远远的山,他并不真把山摄取到心里来,山是仍在原处,心也不会经过十里的空间,把灵怪的双手放在山上,而将它摄取了来。那么,心对事物是怎样的接触,或怎样的摄取的呢?

答案一定是这样,心与事物发生关系是经过感官的。起先我们有从事物传到眼里来的光波,在网膜上起了某种作用,对视神经发生刺激,这个刺激,最后传到大脑皮层。只有在这些作用完成后,视觉才发生的。

想到这一切居间的机构,视觉的简单性与直接性,似乎消灭了。这真是不简单,而且似乎不能说直接摄取。视觉很像是收到异方人的信件。消息由感官而入,而给我们以外物的情报。不过这个比喻,还不能使我们对心与物的分离有充分的了解。无线电或者是较好的比喻。我们所听见的,似乎含有音的"质素"。我们说,空气里充满着这"质素"。可是这决不是空气里充满着噪音的意思。我们跑到外面去一听,便可证明的。非俟收音机上发生出来以后,噪音不存在于什么地方。收音机所得的刺激,只是一种振动而已。我们的感官很像一种收音机。它们产生了我们经验的各种品质(qualities)。心不能跑到外面去摄取事物,而是附着在机器的接收的末端。因此我们得承认感觉的品质,并不就是外物的图象;这些品质,非俟感官发生以后是不存在的。

细加考虑,这样想法似乎更可能了。有些事物在常人看来,是红的或绿的,可是在色盲的人看来,都是灰色。刺激是一样,结果却不相同。那么,为什么不说所有的颜色都像音的"质素",差异是由感官的机构上的差异而起的呢?我们所经验的,不决定于刺激的性质,而是决定于感官的性质。不管哪种刺激,碰到感官上来,感觉品质常有一定的种类,是视,是听,或是嗅,都依感官的性质而决定。

  无论我们把被试人的网膜压紧,或把他的视神经刺戳,或通着电流,他常感觉到光彩的闪烁,因为这些动作的最后结果,是刺激他的大脑皮层上的视觉区。我们感觉外物的习惯的方法,靠着接受外界刺激的感官和大脑襞纹的联接。我们看见阳光与火光,只因感官接受外物放射出来的以太波动,刺激着传导到视觉中区的特殊神经纤维。假使可以变换内部的联接,我们应该可以由新的方式,感觉到这个世界了。例如,假使把视神经向外的末端联接到耳部,把听神经向外的末端联接到眼部,我们将要"听见"电光,而"看见"雷声,"看见"乐音而"听见"演奏人的动作了。这样的臆说,是唯心主义哲学的学徒很好的训练。[1]

那么,所谓心,除了本体以外,包括着各种的"状态"。我们视着、听着与触

---

[1] James, W., *Psychology(Briefer Course)*, p. 12.

着,这些经验是心的知觉或心的暂时的状态,正如波浪是湖水的暂时的状态。感官使心发生某种感觉或知觉的结果,那些感觉或知觉,无论怎样解释,不是由外界输入,而是由心里面发生的。换言之,感官不仅是普通的传递者,如只是收发顾客们交来的包裹的转运公司,而另有一种转运公司绝不容许的任务。假使转运公司在某城里收到一包书,而把一包衣服寄给别的城里的受件人,硬说这两件包裹是一样,那么一定发生了许多麻烦。假使转运公司要求决定的特权,有把那种包裹交给那个人接受的特权,如圣诞老人一样,这个公司一定不会长久维持它的营业的。可是我们的感官,却正有这种特权,因为它们对于所营的业务,有绝对的专利权,不管我们喜欢不喜欢,我们不得不迁就它们的。

这样,心的意义,已有很大的扩充。常识认为客观事实的色、声、香、味,实在都是心的状态。感官,甚至比战时的新闻检查者,还要独裁,还要武断;因为感官不仅决定哪种消息可以传出去,并且把所有的消息拿来重新写过。这种看法的部分的理由已经说过。因为它在教育上,与其它事业上,有很大的理论与实际上的重要性;所以不避重复,再把它的重要的论证,简单的总述一下。这些论证大概可以分成两大类:

一、相对性的论证　这是注重感觉品质的判断,没有绝对的标准;感觉品质是随它们与器官的关系而改变的。这指明感觉品质是主观的,不是客观的。例如:我们看一件东西,假定是一枝粉笔,我们看到平滑的表面。手同眼睛都报告我们粉笔是平滑的。可是用显微镜来看,便不同了。粉笔的表面,不是平滑的,而是非常粗糙的;粗糙的程度,视显微镜的倍数而定。这事实指示着感觉的报告,与物理的事实的不符。我们可以想象一个极小的虱,在粉笔的表面上爬着,有时爬下凹缝里去,有时爬到斜坡上来,和从前跨过许多巉险的高山,到太平洋沿岸去的拓荒者很相像;在这个虱看来,这粉笔决不是平滑的。假使问这粉笔的表面,真正粗糙到怎样,我们不能作一个适宜的回答。实际经验到的平滑或粗糙,是由网膜的构造、所用显微镜的倍数等条件来决定的。我们不能确立任何绝对的标准,只有一种人本的实用的标准。

二、生理学的论证　第二个论证,由更详细的分析感觉知觉的过程,得到同样的结论。假定一个人观察一个一二里远的东西,据物理学与心理学的解释,那种视觉作用包含许多居间的作用。第一,有从对象传到观察者的眼里来的以太波动。这些波动冲击着眼睛里的网膜的时候,视神经上起了骚动,最后传到脑的后头叶,于是视觉作用才发生。在这种情形之下,所看见的对象在一端,观察者又另在一端,很像一个人倾听由电话里传来消息时的情形。说话者的声音,并非实在由电话线上传过去,如实在由电话线上传过去,那么在电线上任何一点,都可以不乞助于听筒而听到声音了。其实电话机,在听话的一端再造了话音。

这要点是经验所得的感觉品质,是观察者心里创造出来的。如观察者的对象是一株树,它有绿的叶簇,我们不能假定绿的颜色。在物质上由树传到眼睛,以太波动不能够传递物质的颜色。如能够,波动自身一定是绿的了。换言之,观察者与树间整个的视野,一定是绿色的了。以太波动所传递的,不是颜色,而是一种产生绿色知觉的刺激。所以我们必须假定绿的颜色是观察者心里创造出来的。

这不免引起我们曾否看见事物自身的一问题,这问题可有两种意义:照一种意义,我们的知觉如符合某种实际的标准,就看见事物的自身了。例如:我们的知觉,测度这粉笔是二时长,如果用尺来量,证明我们的测度是对的,这知觉便算正确了。这种所谓观察的正确,就是我们的各种经验互相配合的意思,这可以有各种的情形。假使一个人看见粉笔是平滑的,手指摸它也觉得是平滑的,即使显微镜的报告是两样,他总认第一次的观察是正确的;或者别人与他有同样的视觉,他也就以为自己正确的看见事物了。所以绿是草的真实的颜色,因为一切常态的人,都看见它是绿的。

照第二种意义,如果知觉是客观事实的照相似的图象,我们就算看见了事物的自身。这里的标准,不是各种知觉的配合,而是知觉与所参照的客观事物的相似。我们既然不能把知觉与事物相比较,要决定知觉是否有这种意义的正确,实在是不可能。但是许多人以为知觉能够显示事物的自身,例如洛克以为"初级的品质"(primary qualities)如坚硬、伸展、形状、可动性,是正确的外界事物的图象。不过以为他所称为"次级的品质"(secondary qualities)不是这样。他说:

火焰是热的、亮的;雪是白的、冷的;甘露依我们推测起来,是白的、甜的;人们以为这些东西的品质,和我们知觉的是一样的,完全相似,同它们在镜前一样。如有人有另种见解,大家必以为是胡闹的。但是我们如考虑到火在某种距离,我们有暖的感觉,移近点,我们便有大不相同的痛的感觉;那么有什么理由,说暖的观念,确实在火的自身上;而同样痛的观念,却不在火的自身上呢?雪能使我们有白、冷与痛的感觉,为什么白与冷在雪的自身上而痛不是呢?[1]

现在对这点,无须再加冗长的讨论。我们所关心的是:一切感觉经验在于心里的结论。它们是心的部分,却与心体不同;与心能也不同。明白了这点,便有给它们创造一个新名词的必要了。因此它们就称为意识(consciousness)或意识状态(mental states)。例如"红"或"冷"的感觉经验,便是心体的暂时状态,或者是心对于感觉品质的意识。我们只知意识不同于物质,此外便不知了。斯托特(Stout)说:"质言之,定义是不可能的;人人知道什么是意识,因为人人是意识的。"他还警告读者,意识一名词,有时用作仅是觉得(awareness)的意思,那是太狭义的。他说:"必须确切说明意识不仅包括自己意识状态的觉得,并且包括各种状态的自身,不管觉得与否。假使一个人发怒了,纵使他不觉得自己在发怒,仍是一种意识的状态;如其他觉得自己在发怒,那又是一种意识,而不是同一的了。"[2]

现在我们可以指出心的概念怎样的转变了。起先,这概念仅是放宽,让给意识状态一个地位。例如,洛克保持着心体与心能的信念,但以为心是被动地接受外界的印象的。在他看来,心似白纸,外物把印象遗留在上面;这种印象,叫做感觉,或意识状态。洛克自己时常称它们为观念(ideas)。到后来,心体的信念与意识状态的信念没有必然的联系,又逐渐显明了;前者虽然放弃,后者还可以保留。在这情形下,意识状态在于心里一句话,已是比喻的说法。其实意识不在于心,

---

[1] Locke, J., *Essay on the Human Understanding*, Book Ⅱ, Chap. 8, Section. 16.
[2] Stout, G. F., *Manual of Psychology*, p. 8.

而本身就是心；这样产生了一个根本不同的心的概念了。要完成这一改变，只须把隐在背后的心体取消，然后以心为"意识之流"的集体。心变成一个集体的名词，同军队、群众等名词一样。

这紧要的一步，最后被洛克的继承者休谟完成了。照休谟（他是历史上著名的怀疑者）的意思，心体的信念，是全无根据的。他以为信念必须根据经验，而经验只包括感觉印象，以及我们称为意象（image）的印象的模糊的摹本。所以关于实体的存在，我们不能作任何的推论。因为这些实体，依照定义是完全与感觉经验不同的。我们所谓树的知觉，只是组成我们树的意识的一束印象与意象，我们可以研究这些印象与意象联合时所依据的定律，却无须，也不可用实体——心智的或物质的——来解释。休谟的意见，是现代著作者如皮尔逊（Pearson）所略加修改而竭力拥护的。下面的话，代表皮尔逊的看法：

把这问题尽量的考虑，除了感觉印象，除了感觉神经的末梢，我们得不到什么。过此以外，如玄学者所谓"物的自体"[1]（things-in-themselves），我们只知道它有一种特征，就是一种发生感觉印象的能力，一种由感觉神经输送消息到脑里的能力，这是关于感觉印象以外的一切所能有的唯一的科学记述。[2]

皮尔逊因此警告我们，科学上的定律，只能应用于感觉的印象，在他看来，"自然律"只是心智的速记的公式，用以替代我们的感觉印象的次序的冗长的叙述。例如：地球绕日一句话，并不是事实的记述，而是我们的感觉印象的次序的一种公式。我们既然不能超越感觉印象，便不能说地球实际上绕日而行，我们的各个感觉印象，也不能彼此相绕，公式只是为了实际目的的一个工具，不是超感觉的事实的表述。

从休谟以后，许多人致力于意识状态的分析。照休谟的意思，意识状态，只

---

[1] 物的自体，又译"自在之物"、"物自身"、"物如"、"真如"等，表示自行存在的物。——编校者
[2] Pearson, K. *Grammar of Science*, p. 67.

包括各种印象与意象;而许多心理学者,以为这个分析,是不适当的,必须分别为感觉与感情。感觉是颜色、声音等基本的印象,感情是快乐与苦痛的品质。更有人以为还有"无意象的思维",主张于感觉、感情以外,还有思维的一个原素。但是这种论争,对于不需心体以解释经验的事实的一个命题,没有关系。

25年前,甚或更近一点,意识心理学是流行的心理学;那时著作者给心理学的定义,文字上虽有出入,而都假定意识是他们的题材。例如莱德(Ladd)说:"心理学是研究人类意识现象的科学。"詹姆士说:"心理学是意识状态的记述与说明。"铁钦纳(Titchener)说:"心理学是心智作用的科学。"这实在也就是斯托特的定义。杜威早年著的心理学里,说心理学是自我的科学;但接着便说明自我的特征,即是意识。杜威与斯托特俱以为要给意识一个定义是不可能的,只能说意识是构成我们的整个经验的特殊存在。既然构成了整个的经验,便没有可以同它相比较的东西了。杜威说:"意识是不能界说,也不好叙述的。我们只能用意识来界说或叙述别的什么。所以一切定义里,均已预先假定了意识;企图来界说意识,只好算兜圈子。意识也不能由它与无意识的区别来界说,因为这不是全不明了,就是要有了意识才会明了。因此心理学只能研究意识的各种形态,指明它们发生的条件。"[1]

由心体转变而为意识,其重要不厌详陈;然而在基本上,实在没有转变;这也应该严切注意的;因为心体的信念,依然保留着,唯一的分别,只在改隐在幕后的心体为倏隐倏现的意识状态而已。物的质素以外,依然有一绝不相同的心的质素,不过这心的质素,不说是神秘的心体,而说是轻灵的意识而已。界说意识的困难,不是因为它太遥远,而是因为它太接近。意识不能有定义,不是因为我们不知道它,而是因为我们不知道它以外还有什么。例如:我们不能把意识同物质来比较,因为物质的东西,被经验到的时候,便是我们藉以与外界发生关系的意识了;要推想到物质的东西,我们便不能离开了意识。物质的存在,只存在于我们的经验,只为我们而存在,我们不能超越这种限制;正如气球的上升,不能超

---

[1] Dewey, J., *Psychology*, pp. 1—2.

越赖以支持的大气一样。

所以意识心理学，不一定摒弃哲学上的二元论，它侧重于意识，使一切经验都包括着意识，以致物质的存在，也只能由间接推理而知。但是这种心理学，必然地对于一般经验与学习过程，都有很不同的解释。一切解释，既必须说到意识的各种原素的组织，则我们对于人类的本性与教学的方法，当然有很不同的概念了。

参考书

Berkeley, G., *Principles of Human Knowledge*, Paragraphs 1—24.

Bode, B. H., *Fundamentals of Education*, Chap. X.

Bode, B. H., *The Outline of Logic*, Chap. XVI.

Hume, D., *Treatise of Human Nature*, Chap. I.

James, W., *Psychology (Briefer Course)*, Chap. I.（伍祝甫译：《心理学简编》，商务）

Judd, C. H., *Psychology*, Chap. I.

Pearson, K., *Grammar of Science*, Chap. II.

Stout, G. F., *Manual of Psychology*, pp. 7, 8.

Titchener, E. B., *Outline of Psychology*, Chap. I.

第七章
意识说与学习过程

心体转变为意识状态的概念,在教育理论与方法上有重大的含义,这就是在偶尔的观察者也会明白的。放弃了心体,同时也就放弃了心能心理学与形式训练说。既没有永恒不变的心的本体。那么,形式训练的整个概念,显然没有地位了。心既是各种意识经验所构成,教育者的注意,当然要集中在内容与经验的扩充上。

不过这注意的转向,同时带来了困难。教师应该怎样教学呢?流动不居的意识状态,显然不好训练,即使我们能够训练它们,它们也不继续存在以待训练,而且意识状态既只有刹那的存在,便归于乌有之乡,则就有训练,也是浪费。意识状态与心体绝不相同,它们不是永恒而不变的。好比海滨的波浪,明暗倏忽改变而流逝的。假使这是教师工作的对象,应该用怎样的方法呢?

在解答这问题以前,必须更详细地检讨这心智的新概念。意识实在比平常所想象的要复杂得多。例如,冬天的河水看似冷的,岩石看似坚硬的,小刀看似尖锐的,可是加以片刻的反省,我们便知道冷、硬、尖锐,统不是视觉的品质。它们既没有形式,又没有颜色,它们不能被直接看见,而只是由视觉的暗示。换言之,整个的经验是一种混合体,一部分是视觉而一部分是根据以前经验的联想。若将整个的经验分析成各个原素,便知道它包含:一、感觉;二、以前感觉的摹本而由联想作用引起的意象;三、快乐与苦痛的感情原素;这些原素组成一种混合体,像氢氧合成水的化合物一样。这整体的经验就称为统觉(apperception)。

上所列举的各种原素,则用"内省法"观察出来。

照这个观点,心理学的主要工作,是把心分析成各种原素,以决定它的构造,所以这种心理学,有时称为"构造心理学"(structural psychology)。这种心理学从意识有一种平常所不注意到的构造的一命题出发。我们所注意到的,是经验的整体。而且每种经验,都有前景与背景。前景是我们注意的对象,背景是仅有隐约模糊的知觉的材料。它包含很多的内容。试注意自己的脚底、肘端、腰背或鼻尖,便发现有隐藏在背景里的各种感觉。这些感觉是长时存在的,可是我们以前未曾注意到它们。

若说这种感觉,不是时时存在,而仅当它们被注意的时候才存在的,那也与事实不符。例如一个人坐在房里,专心于一件工作,忽然觉得钟停了。这种经验的特点,是在于那个刹那之前,这人可以完全不觉得这座钟。他尚未意识到滴答的声音,但是当钟一停,他便立刻觉到。这种事情,除非我们假定他时时意识到滴答的声音,便很神秘了。他的注意,当然对着另一事物,不过他同时模糊地意识着这座钟。有这样的假定,我们就容易解释为什么钟的停止会引起他的注意了。

依构造心理学,意识的"原野"(field)有"中心"(focus)与边缘(margin)。中心是最清楚的一点,是我们所直接注意的一点。不过在这中心的意识以外,有各种程度不同的边缘意识,由最清楚以渐及于完全模糊。

心理学者惯说意识像个原野,有一点中心的光辉,依照与中心距离的近和远,而逐渐黯淡的场面围绕着。在视觉原野方面,最清楚的一点,是眼睛所注视的一点。四围的各种事物,只是间接的感觉到,和中心距离愈远,就愈变成模糊。听演讲的时候,我们的直接注意,是对演讲人的语句与面部表情,我们并未注意到光线、窗门与到场的人们。但是假使一片乌云突然盖住了阳光,或者台幕垂下了,或者有人走动起来了,我们的注意也便引起了。演讲人的语句与面部,不曾占据我们意识的全部,而只在一个背景上呈现,这背景的感觉,便最好以边缘的意识来说明。

边缘与中心的差异,则最好以它与中心的距离来表明。这样的说法,很可直接应用于视觉的经验。至于应用到别种经验如听、嗅、说话等,则这比喻里的空间性格外清楚了。中心与边缘的对比,在许多缺乏空间关系的情境里,也可得到。例如一个人吃饭的时候,可以因营业的结果,感到喜欢或懊丧。这时对营业,并没有中心的注意,而营业的情形,却淹留在他的心里。与牙医的约定,即使暂时忘记,却在践约以前,心里会有一种牵挂。同样,一种欢乐的预期,会使那天所有的事情,都带有愉悦的情调。这些例子,指明边缘的意识,分布到整个的原野。空间的比喻,仍是适宜的。又,中心与边缘的差异,也可用詹姆士所提的波浪的象征来表明。波浪的高峰,代表中心,从中心起逐渐细微,以及于边缘。这个象征的好处,就是中心作用的强度,可用波浪的高度来代表。在昼梦的时候峰是低的;极度集中注意的时候,峰是高的。

如詹姆士所说,经验的事实,很容易照这样区分。要描写意识的外域虽不容易,却也不容易否认它们的存在。

> 第一次体味到的经验与说不出以前在哪个地方,或哪个时候,领略过的同样经验间,有奇怪的差异。一种音调、香气,或滋味,有时带来它们的含糊的习熟的感觉,深入于我们的意识,使我们很受这种神秘的感情力量的激动。这种心理作用,虽然强烈和特殊——这大概由于广大的联络的脑神经路的高度的紧张。——而这种含糊的感觉,没有名称,只能名之为"习熟的感觉"。[1]

边缘的范围,使意识的内容,有极大的增加,这是很明显的。恰可增加多少,这又很难说了。因为边缘的界限,是不确定的。不过它的内容无论怎样模糊,边缘仍是存在的。

> 它围绕我们,像一个磁性阈。在它的内部,我们的能力中心在旋

---

[1] James, W., *Principles of Psychology*, Vol. I, p. 252.

转,像一枚磁针。我们的全部的过去的回忆,溢出这个边缘的,都准备着侵入于这中心。整个经验的自我的潜势力。(冲动与知识)都继续的从边缘伸展进来。所以在我们的意识生活里,任何片刻,什么是实际的,什么是潜伏的,轮廓都是模糊不清,有若干心智的原素,我们总不易说到底是意识着还是不意识着。[1]

但这还不足以尽意识的全体。有些著作者,以为边缘的原野以外,还有詹姆士所谓"边外的原野"。依詹姆士的意见,心理学不仅研究

> 占有中心与边缘的原野的意识,还宜研究种种边外的回忆、思想与感情。我说这是最重要的进步,因为它启示我们,在人性的构成上以前完全猜度不到的一个特性。心理学上没有别的发现,有这样大的贡献。[2]

边外的原野,是各种观念或冲动,都要从那边涌现到日常意识里来的一个区域。这给人格变换与催眠后的暗示等现象,一种适宜的解释。例如一个人在催眠状态中,我们叫他下午三时要做某事,如生火,放下窗帘,或脱去衣服等。当这个人觉醒的时候,不知道这种吩咐,但是到了下午三时,他会有做受托的事情的倾向。他会假托微细的理由,来生火,或放下窗帘,而始终不觉得动作的真正缘故。如假定了一个意识的边外场所,这动作就很容易解释了。不知怎样,这边外的区域守着时间,到了相当的时候,其中的观念会涌现到显明的意识界来而促迫着行动。

意识既说明了,我们现在可以回到本章开头所提出的问题,就是这种心智的理论,引起什么教育方法上的变动。这理论,虽不把心作实体看,却也使它有若

---

[1] James, W., *Varieties of Religious Experience*, p. 232.
[2] Ibid., p. 233.

干永恒性或相续性。它使我们相信憧憧往来的经验,不是真的归于乌有之乡,不过更换它的住所就是了。经验可以在围绕着中心的边缘或边外的原野里,无限地持续着。它不是完全消灭的,它潜伏于个人"下意识"的生活里,有时因回忆而复涌现,有时也可以终于潜藏。这种潜在的意识,构成心的很大的部分。心好像冰山,大部分是沉没着的。经验在发生过以后,既能继续存在,则我们便会了解它在决定后来经验的性质上有很大的影响了。它们组成我们的记忆,这些记忆,使我们能够解释当前的经验。胆怯的人,黑夜到墓场里去,很容易看见鬼魅,因为他看见任何偶然的对象,都立刻加上一套过去经验所暗示的品质。一个正在参观足球竞赛的球员,会看出他的过去经验所暗示的各种方法和技巧。校对时要改正样稿上的错误,是很难的,因为心会把 h 变 b,3 变 8 或 c 变 o,以补视觉的不足。拉斯金(Ruskin)说:我们的大部分的视觉,都在眼睛背后完成的。没有经验的背景,眼睛决不会报告出什么东西来。这个背景,术语谓之"统觉的合体"(apperceptive mass)。一切知觉作用,都就是统觉作用。

再举一例,我们用三条线构成一个图形,一条是垂直的直线,一条是斜的折线,一条是弧线,如图所示:

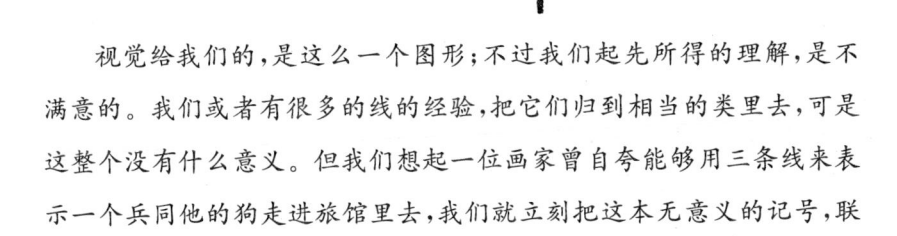

视觉给我们的,是这么一个图形;不过我们起先所得的理解,是不满意的。我们或者有很多的线的经验,把它们归到相当的类里去,可是这整个没有什么意义。但我们想起一位画家曾自夸能够用三条线来表示一个兵同他的狗走进旅馆里去,我们就立刻把这本无意义的记号,联成一个观念的系统了。做到了这步,统觉作用,可说是完成了。[1]

为便利计,这种统觉作用的说明,是假定了意识的边缘与边外的原野的存在的。不过现在无论我们相信经验的无限的存在与否,都没有关系。如果我们愿

---

[1] De Garmo, C., *Essentials of Method*, p. 25.

意,我们可以放弃边外的意思,而说过去经验的复现,不是因为它们长时在等候着复现,而是因为由于大脑皮层的活动,把它们招致起来也可以。无论怎样,我们都不得不承认经验的来临,是一种新与旧的综合。我们经验事物,因为有旧经验起来与目前的事物相融合。旧经验供给一个背景,确定新经验的性质。所以教育的工作,是在于使现时的经验,结合在一个相当的背景上去。这样,教育便给人一个新的世界了。例如,建筑学的训练,使人在街道行走的时候,会认识并类别各式的建筑,殖民地式的,希腊式的,哥特式的等等;医学的训练,使人会解释各种症候;语文的训练,使我们会查出文法上的错误与句子构造的正确;文学的训练,使我们会认识并欣赏文学上的优美。所以教育的问题,是选择适当的教材,来造成统觉的合体,并以适当的方法谋它的发展。

这种观点,在教学上引起了一个新的见解。赫尔巴特(Herbart)对于教育理论与方法上重要贡献之一,就是关于这一点。他所认识的统觉的重要,包含现在所谓教材之论理的组织与心理的组织的区分。论理的组织,把教材以最后的形式,作已是完成的结果提示出来。这与知识获得的步骤无关,只是涉及知识之最后的结果,就是只涉及知识为便于说明与预测而组织的形式。以地理学为例,人类关于地球所逐渐获得的知识,是试探与发现的结果,在这种知识组织成某种方式以前,包括着事实的积聚。我们由现代的地理学上,知道地是圆的,它分成几带与几洲;气候的情形,与昼夜的更迭,都是地与太阳的某种关系等等。我们是在接受已经组成于科学者最有用的系统的知识,至于这知识经过怎样的程序才完成,是不顾到的。地理学只给我们以最后的结果。它所代表的组织,有时称为"科学的组织",因为这种组织,使知识变成科学上继续研究的工具。有了这一部的知识,便能够用以获得更多的同类的知识了。

反之,心理的组织,是参照学习过程上的步骤的。知识排列成论理的组织,不能代表知识获得的次序。学习的次序,与论理的叙述的次序不同。因此今日的教育者,主张学校的教材,应该排列成更适合于学习的次序。例如历史应该从现代教起,而逆溯上去。同样,"地理不应该先叙述地球与它是球形的证明,而应该从校舍、庭园与邻里开始学习。"

这种教材组织上的区分,心体说是不理会的。它只要以教材为训练心能的材料;可是在赫尔巴特看来,没有心能,因之教学的问题,只是如何使新教材与学生的旧经验融合起来,以造成新的统觉的合体;所以教学的方法,不可照题材之论理的次序来决定,应该照学习的步骤来决定。学生已有的知识,须经过改组扩充,最后方能获得自己的经验的论理的组织。地理学科,由研究地球来开始,是毫无效力的,因为这种知识,与学生关于直接环境所知的,不易同化,而使他能够有旧经验的改组。他的地理知识的背景,应该逐渐扩充。否则,学习变成机械的与文字的了。为教学目的而有的知识组织,与为研究目的而有的知识组织,是完全不同的。

换言之,课程与方法,从这种观点上看,比从心体说的观点上看,都是重要得多了。关于课程方面。赫尔巴特不赞同学习现成的结果;要发展适当的统觉的合体,必需许多未有完成形式的教材。在科学思想上是这样,在艺术或文学上也是这样。而且要使学生获得可以解释日常生活的统觉合体,教材也不应该仅限于传统的古典课程,而需要有更广博的范围了。

这里也应该指出传统教育的主张的矛盾。它一面以为教育上所重的,不是教材而是心能的训练,一面又以为古典课程是最好的教材,因为它是最好的模式。要主张的贯彻,应该说教材的优点,完全在乎供给充分的有相当难度的练习。心能既然加强,就不需什么模式了。说到模式,则由练习问题转到内容问题,或者用赫尔巴特的话来说,已注意到统觉合体的重要了。

从心能变到统觉合体,对于训练的转移,又有了不同的解释。心能取消了,仅凭能力获得的转移的概念,当然也动摇了。用统觉的基础,我们能把过去的经验,应用到新情境上来。新情境所受旧经验的背景的改造,便是训练的转移。换言之,训练的转移,不以心能的加强来解释,而以应用旧意义于新情境上来解释。

赫尔巴特对于教学方法上的贡献,也同样重要。以统觉的基础,融化新材料的过程,是比仅对心能施行训练,不同得多,困难得多了。所以赫尔巴特的研究的自然的结果,增加了课程内容的扩充与教学技术的重要性。赫尔巴特的第三点贡献,是注意到教育上兴趣的重要。兴趣的重要,是因为它能够保证新材料与旧经验的联合。假使教学引不起兴趣,教材仍是孤立的;教育的目的,仍没有实现。兴趣的存在,表示联合同化过程的进行。

现在无须详论赫尔巴特的心理学的理论。他的系统,由20世纪的读者看来,有许多地方是牵强的。我们所要特别注意的,是他既注意于意识状态,或他所谓"观念",而仍以若干奇异的理由,保留着心体的地位。他对这个心体,有繁复的理论,不过以为在实际上,可以不必理它。显然的,赫尔巴特还未完全推翻传统的思想,所以他给这个心体一个恩俸,让它退隐了。或者换了一个比喻,心体在他的系统里的地位,很像共和国家的世袭君主的地位,很尊严,却没有一点实力的。他说:"心体的性质,我们完全不了解,也永远不会了解的。这不但不是实验心理学的一问题,也不是思辨心理学的一问题。"任何事物,可以用观念的联合来解释,而"心体则是斗争着的观念的战场"。

如前所述,教师的问题,集中于观念的组织或系统(统觉的合体)与如何使这系统融化新教材(统觉的过程)的问题。一切学习,包含着旧经验的背景以及融化新事实于这个背景的作用;例如,一个学生学习一种新的动物,他必以已有的动物知识来理解这新事实。假使他对陆上动物与鱼类已有基本的知识,这种知识,便可用以理解陆居而又水居的动物。运用背景,使新事实适当地同化于旧事实,这便是教师的职能了。

在教育上,赫尔巴特以他的方法的理论,特别显名。他的门徒,把他的方法演化成著名的"五段教学法"。五段是预备、提示、比较与抽象、总括、应用。开头,教师必须唤起学生们已有的构成统觉合体的某种经验,这是预备段。接着,提示某种新事实,这是提示段。次则进行比较,以决定相似之点,这是比较与抽象段。更次,把比较的结果总括起来,这是总括段。最后,把这样获得的知识,作解释其他事实用,这是应用段。依照赫尔巴特主义,有效的教学,必须照这五段按次进行。

要说明这个程序,我们可以简单的引用麦克默里(McMurry)所著《教学法》里两个例子。第一例,教学的目的,在了解"干地的灌溉"一问题。第一段,是讨论雨量,并考查学生关于干地方面已有的地理知识。第二段,详细说明一种灌溉制度,这是介绍新知识。第三段,把这种灌溉制度(包括各种地形、河流与地域)

和别的灌溉制度来比较,以期抽出山岳、平原、城市、河流的大小等,在灌溉上重要的结论。由这段引到第四段,举出地面普通的形状同灌溉的关系,例如学生们发现所比较的地方都是干地,附近的河流都供给灌溉的可能,有城市的地方供给农业品的市场等。第五段应用,在于举出别的干地,找出可作灌溉用的河流等。

第二例,研究革命战争中 King's Mountain[1]一役,目的在指明民众的能力与爱国心。预备段,是检查过去应用地图与书籍的作业,希望先明了关于这战事发生的地理的与军事的情形。第二段提示,详述这战争的故事。第三段,把这个战争与 Bennington[2]之役相比较。总括的一段,指出较小的战争可对一种运动的命运发生很大的影响;而在这两个战争里,民众的精神是一样的。应用的一段,在于同别种战争,如 Bunker Hill Stony, Point Saratoga[3] 等战争相比较。

最后,我们要说明,意识说对于概念的构成,有怎样的解释。照心体说讲,概念或者整个发生于心的创造的活动,或者是由心的抽象能力,对于各别事物,加以检察,取出同点而成。意识说既然没有一个心的主体,所以一定要由别种方法来解释了。各种经验里的共同分子,怎样抽绎出来,可以用所谓"复合照相"作一说明。

假使我们要得一种代表的脸——一个政治家、军人、学生、肺痨患者,或疯狂者的代表的脸——我们在同一的底片上,照了许多人的相。如依次把 10 个学生照在同样底片上,给他以所需正常拍印时间的1/10,便可以得到一张 10 个学生的复合照相。结果,这张照相上,各人相似的地方很显明,而各人相异的地方,却隐藏不彰了。照这个比喻,猫的抽象概念,是所有的猫的相似点都显明着而差异点都模糊着的一种副本。[4]

用脑来解释,照这个观点,概念的构成,表示詹姆士所谓由改变伴随条件而

---

[1] 金斯山战役,发生在 1780 年 5 月的南卡罗来纳州。——编校者
[2] 本宁顿战役,发生在 1777 年 10 月纽约州境内的萨拉托加地区。——编校者
[3] 分别为邦克山战役和萨拉托加战役。——编校者
[4] Titchener, *Outline of Psychology*, p. 295.

分离的定律。如圆的性质，是在许多物件上都有的，如苹果、垒球、车轮、钱币等。对这些物件反应时，圆的反应，每次都用到的，而别种品质的反应，却不是这样。这种作用的倾向，使圆的反应，从它的伴随条件中分离出来，而可独立发生了。当这个结果完成时，可说我们已有圆的概念了。如桑代克所说"一种从未独立存在的分子(如圆)，会使人们觉得它好像是独立存在的，这样造成的感应结，其动作几乎全不顾到它所存在的整个情境"。[1]

照意识说，则此概念，是由个别的观念里引导出来的。引导发生的过程，是在五段里。比较与总括二段，更是使概念构成的特殊的两段。要构成概念，是无须乞灵于心体的。

意识说的贡献，尤其是赫尔巴特所代表的，总结起来，有四要点。第一，开始对形式训练的反抗。第二，注重内容的性质，为课程扩充的前导。第三，充分认识兴趣在学习过程上的地位。第四，引起对于教学方法的注意。

可是赫尔巴特的理论的体系，现在也只有历史的兴趣了。在时代的前进中，这体系被认为教育方法的形式化、机械化。这种机械化，不是偶然的，而是由于这体系的内在的情形。赫尔巴特主义的没落的理由，读下去便更明白了。

参考书

Adams J., *The Herbartian Psychology in Its Educational Applications*, Chap. Ⅲ.

Bagley, W. C., *The Educative Process*, Chap. XIX.

Bode, B. H., *Modern Educational Theories*, Chap. Ⅲ. (孟宪承译：《现代教育学说》，商务)

De Garmo, C., *Essentials of Method*, Chap. Ⅱ.

Dewey, J., *How We Think*, Chap. XV. (刘伯明译：《思维术》，中华)

James, W., *Varieties of Religious Experience*, pp. 230—236.

McMurry, F. & C., *The Method of the Recitation*, Chap. XI.

---

[1] Thorndike, E. L., *Educational Psychology*(*Briefer Course*), p. 161.

第八章
生理心理学的兴起

在现代的读者看来，18世纪与19世纪初期的心理学，对于生理的根据，是十分漠视的。旧式心理学的主要问题，是组成经验的各种原素的分类与联合，关于身体，不过偶然涉及而已。到了19世纪下半叶，生理作用已比较得到了注意，而同时旧式心理学的方法，也更加扩充和精练了。成千的原素，以及它们有时称为"心理化学"的各种混合作用，更慎重地研究了。心理学者的工作，仍是分析意识，他们所最信任的方法，仍是内省法。

为什么会注意到生理作用的一个理由，是因为生理作用，时常对于未被注意到的意识原素，供给一个适宜的线索。眼的紧张感觉，便是一例。当我们注视一个相当远的对象，而眼是辏合着的，不过很是轻微。对象愈移近，辏合的程度也愈增加。假使我们注视一个对象，如铅笔尖，当把它放在两眼之间，与面部仅有几英寸的距离，辏合的程度便这样大，以致眼睛肌肉，发生了一种不快的紧张。紧张到了某种强度，我们才会觉得。不过即当我们不觉得的时候，紧张的感觉还是有的。如果没有生理作用的指示，就不易确定这些感觉的所在了。实验证明这些未被注意到的紧张感觉，是决定距离的判断的一个因子。也是决定大小的估量的一个因子。

我们很有理由这样想：视觉上大小的估量，根本是靠着紧张感觉的强度。每只眼睛，是在眼窝里悬在六根肌肉之上的。当我们比较两根线

条的时候,自然的方法,是把眼睛在线条上扫视一下;这种眼的运动,就引起肌肉的紧张感觉了。在较长的线条上,发生较厉害的紧张,在较短的线条上,发生较轻松的紧张。我们是用强度来估量大小的。[1]

研究生理作用之另一较有力的理由,是生理学可以解释正在进行的过程。分析能够告诉我们某种混合体包含什么分子,但是不能对因果关系,有所说明;就是,不能够确定过程所发生的条件。假使心是依于身的,因果的关系必须由生理的研究而获得,那是很明显的。

旧式心理学,在因果关系的了解上,太不满意了。心能心理学,时常说经验由于心的活动。但是像詹姆士所指示,倘说我们会记忆是因有记忆的能力,这是对记忆仍无解释。这不是解释,只是给它一个名词,因为并未增加新的理解,并未增加记忆的事实与别种事实间关系的新的了解。

> 为什么这个上帝所给予的记忆能力,保持昨天的事情,比保持去年的事情好?而保持一小时以前的事情更好呢?又为什么老年的时候,儿童时代的回忆是最真切呢?为什么疾病与疲乏使记忆减弱?为什么反复使记忆加强?为什么药物、热病与激动会使久已忘却的事情重新忆起呢?……这样,这能力显然不能绝对存在,而只在某种条件下发生。这种条件的探求,成为心理学者最有趣的工作了。[2]

心体说被抛弃以后,心理学者尝试用联想来解释一切。远远的雷声,暗示着电光,因为这些事情,在我们过去经验里是联合着的;天空的浮云,暗示着雪堆,因为这二件事物是有类似之点的。在它所解释的范围内,固很满足,却不能解释其它的一切。如詹姆士所说:它不能解释发热、疲乏、催眠、年老等的影响。这里,我们不得不再归结到联想作用,是在一定的条件下发生的;而这些条件,乃是

---

[1] Titchener, E. B., *An outline of Psychology*, p. 83.
[2] James, W., *Psychology*, Vol. I, pp. 2, 3.

生理的。记忆的功用，依大脑皮层的情形而改变。用联想来解释记忆，不是最后的解释，因为联想作用，是依于大脑所发生的作用的。

所以后来心理学的发展，就与生理学的研究携手并行。可是生理心理学研究未久，便发现心身的互相关系，比起先所猜想的是更广大而密切的。认心（心体或意识状态的集体）会完全离开身体而独立行动的旧观念，已是一种神话了。刺激物、脑病、麻醉剂、疲劳、气候、年老等影响，都指示着"意识作用是与脑的作用合在一起的，没有脑的作用，意识作用是不能发生的"。

为篇幅所限，不能把这些论据加以详细的检讨。不过我们可以一般的说：一切意识作用，都含有一种运动。这便是心可离身而独立行动的观念的否定。例如，实验证明，一个人想到他的足，或他的家，或者想到多少有个确定方向的任何东西，他身上的肌肉反应，表示出地方的方向。本来所谓"测心术"（mind-reading）实在只是一种观测肌肉的方法。心理的变化，无不同时伴随着生理的变化——这是今日科学的判断。

最初，生理心理学的发展，只是旧式心理学的工作的扩充。后来它的研究的结果，从心身关系所得到的结果，却趋向于原来的观点的修正甚至放弃了。尤其引起怀疑的是：潜在的观念是否存在？或者说经验是不是固定而不变的原素所组成，如自然科学拿假想的原子来解释物体的构成一样？

要了解这种观点的改变，是不难的。我们很容易假定感官刺激的重复出现，会发生同样的感觉。可是这个假定，没有顾到神经系统里的变化，没有顾到第二次刺激的时候，已是对着一个不同的神经系统了。詹姆士说："要有完全相等的感觉的再现，必须再现于一个毫未变动过的脑。"脑既然继续地在变化，完全相等的感觉的概念，似乎只是一种随便的说法，而不是事实了。

探究更进一步，证据也更有力。一种意识的反应，决不是简单的刺激的反应；同时身体上发生各种活动。所以身体的反应，是各种冲动的许多相互作用的结果。这些相互作用，称为"助长"与"抑止"。

我们由膝腱反射的例子里，可知大脑的助长作用与抑止作用。把腿交在另一腿上，向恰在膝盖下的腱上一击，膝腱反射就发生了。这个动作全是反射的，不好自主地复演一次。因为足虽是可以自主的向前一踢，不过这个自主的动作，不会有真正反射的那样敏捷。虽然这样，大脑会对膝腱反射发生一种影响。焦急的注意，可以抑止它，咬着牙关，握紧拳头，可以助长它。这是由锥状的通路，影响到脊髓的反射中心的实际影响。[1]

极简单的反应，尚且这样复杂，而有各种变化的可能，那么，经验是由完全相等的感觉所构成的假设，便像是幻想了。假使我们以为任何心的原素，同物的原素一样，会感受全情境的紧张；那么，真正重复相似的感觉，已很少可能了。我们为什么会以为经验的某一部分与某种已往的经验是一样的呢？例如一个人，觉得这个色度真的与刚才所见的一样呢？詹姆士说，这个解释也不难。从客观的事实来说，这颜色可以真是完全一样的。可是把它看作意识状态，詹姆士以为这两种颜色，便不是一样的了。他说："两次所得到的，是同一的对象。"更严格地说，两次所得到的，是同一对象的参照或推想。照詹姆士的意思，直接得到的，是一种复杂的意识状态。没有一种意识状态，就全体而言，或就组成的部分而言，是与别的意识状态完全相似的。但是这事实是被忽视的，因为各种不同的意识状态可参照着同一的外界对象。所以我们便假定关于同一对象的意识状态，是大概相同的了。对象既是同一的，我们不知不觉的假定，关于同一对象的经验，品质上也是相同的，是由同样的原素所构成的了。

关于同一对象的各种意识状态，可以大大的互相差异，这是有许多证据的。

窗前的青草，由我看来，太阳照到的地方与没有照到的地方是一样的绿；但是画家能够把它的一部分画成深褐的颜色，另一部分画成浅绿的颜色，把它的实际的感觉的效果表示出来。我们平时不注意到在不

---

[1] Woodworth, R. S., *Psychology*, pp. 54, 55.

同的距离与不同的情境下,同样的东西,可以不同样的看到、听到、嗅到。我们要确定的,是事物的同一,凡使我们有这事物同一的感觉,也就认为相同的了。其实这种感觉上的主观的同一,不是事实的证据。……赫尔姆霍尔茨(Helmholz)计算画里表示月光底下建筑物的白色大理石,当日里看起来,是比真的在月色底下的大理石,要亮得10倍以至20 000倍。[1]

意识状态的整个或部分都不会复现的结论,引起重要的变动。因为从此不需假定一个潜意识的区域,观念第一次出现以后,在再现之前,可以隐藏在那里。那种假定的唯一理由,就是可以解释记忆的事实,或解释当我们不注意某种事实时仍有辨别它的能力,如忽然觉得钟摆的停止。潜意识是我们用不到的观念的贮藏室。如果一切经验,在品质上都是新的,我们永远不再用到一个旧的观念,那就不需要一个贮藏室了。记忆不需要观念放在贮藏室里,很可用某种脑的作用的复现来解释。如注意到钟摆的停止等现象,也可用身体的反应来完满解释。我们读书的时候,耳朵摒绝扰乱的声音来帮助眼睛。不是"准备"着听声音,而是"准备"着不听声音,这也是一种积极的反应。钟摆的刺激突然没有了,耳朵仍"准备"着抵抗那不来的刺激。结果,很像我们跑下楼梯时,心里以为走到,而事实上还有一级的情形;就是我们"准备"着跨上坚硬的地板,却是踏了一个空,迅速的重新适应的反应,向我们报告遇到什么了。

当然,这是多少带有比喻性质的解释,但这是表明潜意识可以有替代的解释。而且这种替代的解释,还有可用客观事实来说明的优点。我们很可以相信,我们有一个身体,这个身体有各种反应。我们却不能够同样相信,我们有潜意识的经验。事实上,潜意识的整个概念,似乎包含着一种矛盾。例如伤害是痛苦的要素,假使伤害没有了,痛苦也就消除。如说还有一个潜意识的痛苦,那真是素朴的暧昧主义了。潜意识的痛苦,一定是一种没有伤害的痛苦。我们可以假定

---

[1] James, W., *Psychology*, Vol. I, pp. 231, 232.

发痛的牙齿的神经，即在寤寐之中也继续的振动着，但是说痛仍在潜意识里继续存在着，便无意义了。这个结论，是可以推广应用的。我们知道有颜色声音等经验是怎样的一回事，若将这些经验推到潜意识里去，我们便在谈没有经验到的经验，无意识的意识了，这岂不是神话？

这个意思，也可应用到经验是原素构成的假设上。寻求经验的原素，便是寻求经验里没有经验到的部分。原素是不好直接经验到的，假使这样，就没有寻求它们的必要了。所以分析的整套工作，是寻求无意识的意识。再引詹姆士的话：

> 它们（意识状态）都是一种意识的事实，除了存在于被知觉外，不会尚有任何存在的方式。若说因为它们参照着同样的外界实在，所以它们必有许多同样的观念，有时是意识状态，有时是潜意识状态，那真是无知与诞妄了。观念只能存在于一个形态，那便是完全意识的形态，假使不存在于意识，它就完全没有了。[1]

这样，照詹姆士的意思，意识状态的分析，不是分析意识，而是分析对象，或者分析包含在我们的对象经验里的身体的反应。例如茶味是由苦味、香气、温觉、肤觉等所组成。就是我们所谓茶味，实是各种原素的集合，而只有一种同味觉有关。所以铁钦纳说："尝茶者与尝酒者，最好叫他为嗅茶者与嗅酒者。"因为我们觉得他们在判断的时候，鼻比舌用得多。茶对一种感官比对别的感官刺激得厉害些。这是一句很简单而可证明的话。反之，若说味是各种我们所不晓得的号称感觉原素的所构成，那便不好证明，也不好理解了。我们能够分析出刺激感官的对象的性质，而且把这些性质同它们所引起的身体的反应联系起来，责任已是完了。除此以外，不是心理学，而是神话。

把这个论点的含义推究出来，我们对于心理学便有不同的概念。心理学者的研究，不是追求不存在的原素，而是要发见影响经验的因子。这些因子，一部

---

[1] James, W., *Psychology*, Vol. I, p. 173.

分是在环境里,一部分是在身体里。例如饮茶的经验,是由对某种影响到鼻子与口腔的刺激起反应而来的。这个反应,是复杂的,而且表明许多过去经验的效果。所以物质的刺激,虽可由深褐变到鲜黄,而草的颜色,看起来总像绿的,因为过去经验的结果,某种反应的型式,已在身体上造成了。简言之,心理学者,不再把经验或意识作为与对象分离的事实来研究,而努力于有机体对环境的反应的研究了。

这种态度的变更,意义是很重大的。就是心理学家不再区分物质的茶与饮茶的经验了。他不复主张我们饮茶时经验到的热与苦,真是主观的,真是在我们自身,不在茶里。他很可与常识所说这些品质在于茶里的假定相一致。他所感兴趣的,是研究有机体行为的型式。假使茶是热的,我们一定慢慢地喝,或者把它吹冷。换言之,饮啜是一种有目的的行为,来确定这种行为与机械的运动有无区别,怎样区别,才有兴趣。心理学者,不安于说,饮啜是由于心体或意识的控制。用意识解释,与用心或心能来解释,是同样可以反对的。我们需要知道反射的或本能的行为,怎样变成目的性的行为。

应用这种说法来解释训练的转移,便发现:(一)赫尔巴特的统觉合体,可以化成多少复杂的生理的反应;(二)生理的习惯,变成转移上可能的因子。我们知道身体的反应,是受着习惯定律的控制。而且习惯对在某种限度内差异着的各种事物,可以应用的。习惯是可以普遍化的。所以对于转移的解释,习惯似乎供给一个有价值的线索。

生理心理学的另一结果,是增加我们对于人类行为里原始倾向的认识,是不经学习,而由有机体的构造决定的行为。桑代克说:

> 反射,本能,原始的能力,是不待学习的倾向的分别定名。凡对于一个很简单的感觉的情境而发生的一种很确定的一致的反应,情境与反应的联结又是很难改变,很坚强而几乎不可避免的;这种反应,就称为反射。例如身上某部,突然起有重的压力,这是一简单的感觉的刺

激,对于这,膝腱反射,就是很确定而一致的反应。这个动作难于增减,难于控制,有了情境,就必有反应的。若反应较难确定,情境较为复杂,而联结较易改变,通用的名词,就是本能。例如一个人受人侮慢而觉苦恼的反应。至如一个倾向,是对于一个很复杂的情境而发生极难确定的一个反应,或一组反应;那种联结的最后力量,又是有待于训练的,那么反应与本能两个名词,就都不合用,用能力(capacity)、倾向(tendency)、可能性(potentiality)等名词,似较适当些。例如一人学习艺术科学而成功,是对于学校教育情境的反应。这个原始的倾向,名为学问的能力。[1]

教育上重视原始的倾向,有两个理由。第一,这些本能在儿童期各个时候出现,教师应该加以注意,准备着利用它们。例如模仿搜集与建造等本能,是按时而来的,是教师的最良好的机会。第二,本能决定可教性的相当限度。在本能出现以前或消灭以后,教育的功效非常之小,因为人类有斗争与占有的本能,所以战争的消弭,新经济制度的确立,都很不容易。

原始的倾向的理论,给复演说以有趣的而有影响的应用。复演说的命题是:个人从胚胎到成熟的生命史,是复演从单简的逐渐到复杂的形式的种族史。据说这个复演,不仅复演种族发展过程上所有的身体构造的变化,也复演各个时期的活动。这些种族活动,个人用原始的未经学习的倾向来表现。例如种族在某一时期,是居住在森林中的,另一个时期,或许是游牧的,或许是农耕的。这相续的活动,正在生长着的儿童的本能里,多少是有规则地复演着。所以教育应由这些原始的倾向里认取线索。而复演作用又可以决定课程的性质。就身体的活动说,原始的倾向,要给予机会依次表现,如攀缘、豢养牲畜、栽培植物、纺织等。在心智方面,课程应该包括着能代表相当于各时出现的原始的倾向的文化时期里的神话、民族故事与歌谣。

---

[1] Thorndike, E. L., *Educational Psychology (Briefer Course)*, p. 4.

完全的复演说,现在只是历史的了。可是它遗留下来一种对于原始的倾向的几于迷信的尊重,从前曾在"天性是不会错的"理论里表示出来,就是以为违反这些倾向,或施行任何强制,是错误的。现在又在限制教师指导的儿童"自由"学说里复活了。就遗传与环境的问题上说,它是袒护遗传方面的。这种对于遗传的偏重,又在现在智慧测验的发展上表现出来了。假定智慧是由遗传早已决定的,环境的影响便很小了。

> 智慧的程度,是生来就有的,同他们有蓝眼睛或高鼻子一样。学校不知不觉,一年一年的把大批比较无能的人们淘汰了,把那些天赋有理智方面成就的征兆的人们留住。
> 学校时常是这样一个选择的机关,受到学校利益的人们,到底得到的是检定,还是发展,却成一个问题。[1]

我们不要以为这种从生理学与遗传上求得解释的注重,是突然而来的。最初,生理心理学,也一样把意识做解释人类行为的明晰的因子。但是那种解释,逐渐显出它的无能了。这在说明心身关系时碰到的困难上,更是显明。常识假定的心身的交感,细加研究,就引起异常复杂而永无满意解答的心身问题了。

困难的来源,在于心身似乎没有共同的单位。我们对于因果的性质,很少了解,但是无论如何,物质的交互作用,总在占有空间的各种事物间进行。要了解它的过程,寻求物质的运动就好了。例如把砖头首尾衔接,排成一列的时候,第一块砖碰倒,其余的都继续着倒了,过程里每个部分,都包括在一种运动里。可是讨论到心身的关系,情形便不同了。心不能占有空间,所以身影响心时,运动的相续是间断的。先有的物质作用的效果,并不是在后继的运动里显示着,而似乎消逝到第四向度的空间里去了。一会儿心影响起身来,这像某种能力从那第四向度的空间里又跳出来而进行着某种运动了。也许真是这样的,不过这整个

---

[1] Thorndike, E. L., *Educational Psychology* (*Briefer Course*), Chap. Ⅸ.

问题，看来实在太奇异，使我们不能不停下来想一想。

但是愈思索也愈觉得神秘，一个不占空间的观念，怎样会影响到脑呢？它是对大脑皮层的分子推动了吗？如其是的，它从顶开始，从底开始，抑从旁开始呢？这些疑问，当然是无意义的。意识状态既然不在空间里，我们便不能问它们向哪个方向去推动，这是一个没有头绪的问题。要了解意识状态对于脑的影响，和要了解−2的平方根怎样会帮助举出一架陷入沟渠里的汽车一样的难。如克利福德（Clifford）说："身心交感论，要求我们想象一列火车，前部分是一个火车头和用铁索钩牢的三辆车，后部分是用铁索钩牢的另外三辆车，两部分间的联结，全靠火夫和车守的精神的合作。"

后来多数心理学者都放弃了身心交感论，而代以一种没有因果关系的身心平行论了。心不能控制身，犹如影子不能控制我们的行走，速度表不能控制汽车的速率。我们可说，意识状态只记载身体的变化，而没有任何因果关系。当然，我们必须要有某种关系来说明这平行，但这不是心理学的问题，而是哲学的问题了。依这个观点，人类的行为，可以用心或身来解释。心与身，都是自成一系的。

身心平行论有显著的缺点，它会引导到不安的神秘上去。它否认针刺是痛苦的原因，二者不过同时来去就是了；这种平行，也认为不是偶然的符合；而另一方面，却又不许我们用因果关系来说明。但如果不是因果的关系，究竟是什么关系呢？这是不容易解答的。赫胥黎（Huxley）的可视为修正的平行论，也可视为修正的交感论的"意识自动论"（conscious automatism），是一种解除这困难的尝试。照他的意思，身可以产生各种意识状态，不过这些意识状态，没有变更身的活动的能力。我们的经验，只是记载身上所发生的各种反应，正同风雨计记载大气压力的变化一样。赫胥黎说：

> 动物的意识，和它们的身体机构相关，似乎前者只是身体活动的副产品，完全没有影响身体活动的力量。如汽笛与火车头的行动同时而来，却不会影响到火车头的行动。假使有意志，它们的意志，是表示身体变化的影响，不是变化的原因。……说意识状态，是有机运动的原

因，还没有证据。假使这种前提可以成立，我们可以说心智作用只是在有机体里自动发生的变化在意识上的符号。举一个极端的例，意志的感觉，不是自主动作的原因，而是直接影响动作的脑部状态的符号。我们是意识的自动机。[1]

不论主张平行论或意识自动论，各个观点都视心理学为行为的研究。尤其重视单用生理作用以解释人类行为。那么，为什么不放弃所谓心而自限于说明有机体的行为呢？这样研究的长处，在于它是严格地客观的，就是，不同的观察者，可以得到同样的事实，而可以证明他们的结果。内省法便不能这样。假使一个人观察在他自己意识里所发生的现象，别的观察者，就不能参与这个研究，也不能查核内省者认以为真的报告。

这以生理作用替代意识作用为心理的解释的运动，已有很大的进步，现在就称为行为说。在开始的时候，行为心理学者，只说意识的事实无须注意，因为一切有关的事实，都可由研究行为与生理而获得。他们可以承认意识的存在，不过以为把它拿来研究，是毫无所得的。可是过了一些时候，他们的勇气增加了；就主张心不但与心理学的目的没有关系，简直是不存在了。所谓心是可以化成生理作用来解释的。例如物理学将光与声的现象都化成波动；意识现象也可以这样研究的。一种痛苦，一种情绪，一种声音或颜色的知觉，都只是大脑皮层里正在进行着的生理作用。心与身根本是同样的东西。个人的一切经验，都可化成运动的形态的。

这种理论对于教育的方法，有重要的意义。假使这理论是正确的，那么，教学的着重点，显然不在于观念的组织，而应该在于行为型式的造成。从行为说的观点上看，教育是以新的行为型式替代旧的行为型式的过程。我们生来就有的行为型式，谓之反射，替代过的行为，谓之制约反射（conditioned reflexes 或译交

---

[1] Huxley, T. H., *Science and Culture*, Chapter on the Hypothesis that Animals are Automata.

替反射)[1]或习惯。习惯是教育的基本范畴。这种理论的详细的含义,在我们检讨行为说以后,还要加以说明。

参考书

Dewey, J., *Democracy and Education*, pp. 84—89.(邹恩润译:《民本主义与教育》,商务)

Huxley, T. H., *Science and Culture*, Chap. on the Hypothesis that Animals are Automata.

James, W., *Talks to Teachers*, Chap. Ⅷ.

James, W., *Psychology*, Vol. Ⅰ, Chap. Ⅰ.

Strong, C. A., *Why the Mind Has a Body*, Chapters Ⅳ, Ⅴ, Ⅵ, Ⅶ.

Thayer, V. T., *The Passing of Recitation*, Chap. Ⅴ.

Thorndike, E. L., *Educational Psychology* (*Briefer Course*), Chapters Ⅱ, Ⅲ, Ⅷ, ⅩⅤ.

Woodworth, R. S., *Psychology*, Chap. Ⅰ.(谢循初译:《吴伟士心理学》,中华)

---

[1] 制约反射即条件反射。——编校者

第九章
行为说

　　行为说在心理学上是一个少壮的学派,它只有20年的历史。它的姿态,不时表现着青年期的一般特征,尤其是它的喜欢惹动前辈心理学者们的情感。行为说对任何心或意识等的攻击,在他们看来,是不合理的,不仅它的强暴是不合理,而它的曲解事实更不合理。

　　但如果知道行为说的历史的背景,则这种不合理的形迹,也就消除了许多。这新运动,不是一个突然的暴发,如从一架看不见的飞机里抛下来的炸弹,而是一种长期进展中的趋势的表现。几世纪以来,智慧的人们,把二元论的问题反复争辩,而这争辩的故事,却是一种无结果的记载。生理心理学发展以后,注重点逐渐转移于以可以观察的行为的解释,旧时用心体来说明的事实,凡可以用神经系统来说明的,都给后者所替代了。这种趋势,到行为说而达于它的最高点。其实这种趋势,早已著明,而它的结果,也是早已可以预测的。

　　我们容易忘记行为说者和其他任何人一样,是在二元论的传说里长大的;要从传说里解放出来,必需大量的理智的独立与创造。事实上,行为说者最初策动的,还不过是侧面的攻击,而不是正面的攻击;他们起初并没有公然向意识的存在挑战,而只提出了方法上的问题。传统心理学,几乎完全用着内省法,他们问,为什么要继续使用这种方法呢?当各个观察者所得的结果不同的时候,内省法没有解决的方法。例如:分析视觉,各人对于这些可以观察的色度或光度的数目,有不同的报告。内省法便不能作任何的证明。现在,我们已有客观的决断的方法了。在有些老鼠实验里,发现可以训练老鼠,使它们当开绿灯时,向食物箱跑去;当开红灯时,就对食物箱远避。这实验,确切地证明老鼠会用某种方法区别红绿。这是无须问到它们的内省的结果的。需要的是观察它的行为。这种实验,当然很容易在人类身上应用,而且可以无限制的再求精密。在这种方法里,我们可以得到客观的科学方法。为什么不丢掉内省法,而使心理学成为一种真正的科学呢?

在这种辩诉里,无须主张没有意识,不过心理学只同其它科学一样,不管这回事就是了。例如,我们假定物理学者是有意识的,他并且用意识来进行他的观察,记载他的观察。物理学者可以用到意识,但是他并不研究意识。他的工作,是在于物质的性质与关系上。同样,心理学者可以用到意识,但也无须研究意识。他的工作在于研究行为的形态。

> 心理学上是不是留着耶基斯(Yerkes)所谓一个纯粹的心的境界?我自认不知道。我最赞同的方法,是不管现在一般心理学者所用的意识一名词。我否认所谓心的境界,可以实验与观察。我不愿对这个问题再讨论,因为再讨论下去,便是玄学了。假使你允许行为说者有使用意识的权利,同别的自然科学者一样,——就是不以意识为一个特殊的观察对象——你已经允许我的论旨所要求的一切。[1]

可是不久行为说就"变本加厉"了。新方法既获得了许多结果,又似乎适合心理学者的目的,那么,旧式心理学就看似更矫揉而更不切实了。行为说对着传统心理学,渐渐采取一种态度,仿佛是受过训练的医师对于一个巫医的态度。为什么对于过去的迷信,再要隐忍呢?科学里没有意识的地位。行为说对内省心理学的挑战书,是这样的:"你说有意识,那意识在你心里,——那么要证明它。你说你有感觉、知觉与意象,——那么要证明它们,和别的科学证明它们的事实

---

[1] Watson, J. B., Psychology as the Behaviorist Views it, *Psychological Review*, Vol. 20, p. 175, 1913.

一样。"[1]

这所要求的证据,自然是拿不出来的。达到内部意识事实的唯一途径,便是内省。然而内省法是很缺乏实证的。直接的证明既不可能,论争就变成这样:行为说对于向来认为意识的各种事实,能不能都用行为给它们一个满意的证明呢?尤其是知觉、想象、思维、意志以及其它一切经验,是不是都可用行为来充分解释呢?

在讨论这问题以前,我们先问行为是什么。行为说的解答,是很简单而直接的。人类的行为是同任何别的运动一样。一个机器这样的运动着,因为它是由某种材料构造成某种样子的。同样,一个人这样的行动着,因为他是由原形质构成某种样子的。机器是不会比人更机械的。那么,行为说者是一个机械主义者吗?是的,这是他坦白地承认的。[2]在实用上,机械主义一名词,只是可以撇开"先见"、"目的"等概念的意思。用化学物理来解释行为的时候,行为当然是机械的。"心理学上的行为说,只是一种研究和理论,假定个人的、教育的、职业的、社会的活动,都可用自然科学里所用的'力'来完满解释的。"[3]

完全用机械的名词来解释人类行为,初看起来,似乎是幻想。我们是有知觉,有思维,有意欲的,和无生物与机器,很不相同,这似乎是"自明"之理。但这也不过是"似乎"而已。以前说人类有异于机器的心体与意识,也曾认为自明之理的,可是现在这些概念,已证明是错误的了。这样说,我们不能预先确定人与机器有根本的差异,而只有让事实来决定。

现在就行为说对于我们惯常认为意识事实的解释略加检查。先就感觉而言,我们就碰到错觉现象,碰到称为感觉知觉的相对性的各种差异的现象,这类事实,似乎显然是主观的或意识的。它们还不够证明人和机器的分别吗?

行为说的答辩,则指明感觉知觉和别的经验一样,是受神经系统决定的。我

---

[1] Watson, J. B., *The Ways of Behaviorism*, p. 7.
[2] Ibid., p. 42.
[3] Weiss, A. P., *A Theoretical Basis of Human Behavior*, p. 7.

们看见颜色,听到声音,都是某种的反应。原始的反应,不久又转变为习惯。例如我们能够看见一个垒球,就因为我们对它有各种的反应,包括握的反应、滚的反应、掷的反应。假使我们用发生的观点来看,我们将发现简单的红、绿、声、臭,统不是简单的。它们变成我们的知觉,是我们进行某种反应的结果。

这仅是一个说明的开端。批评者所要知道的,不是这些知觉怎样的获得,而是在获得以后,这些知觉的性质如何。它们不是意识的事实吗?它们还可以再归究为别的东西吗?行为说者,除了若干例外,大概是对于这个问题,不感到浓厚的兴味的。他们是假定有感觉、知觉,而把感觉品质作客观的物质的事实来对付。不过我们却不可对于错觉,对于不同的观察者对同一对象所发生的差异,没有一点说明就了结。我们却不可就说这样观察到的一切感觉品质是客观的而让它过去。

当提出这个困难时,行为说大概是这样回答的:现代物理学告诉我们,环境里各种东西,并不如它们看来那样似的互相差异。照新近物理学上流行的见解,物质是由电子构成的。物体的差异,由于电子的分配与排列的不同。"物体的化学的与物理的性质,互相差异,由于各组电子的空间格式与运动周道的不同。"[1]

这便是重要的关键了。在物理学者看来,红与蓝的不同,或红色与声音的不同,是仅由于各组电子的空间格式与运动周道的不同。一个观察者说"我看见蓝"的时候,客观的刺激,只是电子的某种运动。假使进而检查观察者的反应,我们发现各种反应,也只包括那种运动,因为身体同别种物质一样,是电子组成的。如以前所说,观察者的反应,是一种获得的反应。在某种特殊反应造成以前,观察者是不会区别目前的颜色,而给它一个名称的。我们把有关的活动,就是外界的刺激与身体的反应,联结起来,我们就说明了一切。所谓蓝,就是这样的反应。这个蓝的品质只是这种活动的一个名称。

蓝色不是这些情形以外的东西。这个观察者如能够指明其中包含

---

[1] Weiss, A. P., *A Theoretical Basis of Human Behavior*, p. 19.

的解剖的与生理的因子,便知道蓝只是一种特殊的感觉与运动的较复杂的情形;遇有特殊振动数的光波时,必有这种情形。……在行为说看来,蓝的品质,表示个人造成了一种特对着分光景上蓝的刺激而起的反应。[1]

约言之,行为说把自然科学里所采取的解释方法应用到感觉品质上来。说声音是音波组成,水是氢二氧一组成,金钢石是碳组成,都是对的,为什么不可以说蓝的品质,是某种活动组成的呢?而且这样解释,对于错觉与感觉知觉上的差异,都可有简单而适当的说明。这些,都可归究为特殊的反应,并没有什么神秘,更无须拖出一个意识来解释。水并不是在氢氧以外另有的东西;同样,蓝色并不是在刺激-反应以外另有的东西。

同样的说明,也显然可以应用于意象。我们可以闭着眼睛,回忆过去的情景或憧憬于模糊的昼梦中。这些意象或记忆,也不过是有机体的活动,有什么特殊的问题呢?

把感觉、知觉、意象,都化为反应、活动,行为说就把解释上所有的名词,化为简单的共同的单位了。一切我们所称为经验,都是物质的反应。无须推究到另外一个称为心或意识的实体。先见、目的、动机、欲望等名词,心理学的词汇里不应该有。它们是文学的,不是科学的名词。我们可用解释机器运动的名词来解释人类一切的行为。

这种行为的解释,我们现在要作较详的追溯。从初生的婴儿说起。在所谓经验的发生以前,婴儿只是一团有某种反应的原形质。这些反应,叫做反射。如字面所表示,一种反射动作,没有目的,它同一管枪或一株藤的动作一样的机械。行为说所提的命题是:人类所有的行为,都可归究为反射。它主张一切学习,都可用反射来解释。

---

[1] Weiss, A. P., *A Theoretical Basis of Human Behavior*, pp. 272, 273.

照行为说,一切学习都是新的反射的造成,这是将新的反射配合在刺激上而造成的。把一个刺激联结到一个别的反应上而产生的反射动作,称为制约反射。例如小孩子要拿玩具的时候,我们做出一种响声,他的把手缩回的怕的反应就发生了。好多次这样的做,最后这小孩子看到玩具的时候,即使没有响声,也要把手缩回了。这样玩具变成了缩回的刺激。又如每次把牛乳瓶给婴儿的时候,说一声"吃",后来他听到"吃"的时候,即使没有瓶在,也有对瓶的反应了。制约反射与原始反射的唯一区别,就在起原的不同。制约反射获得了以后,便与任何反射一样了。这就是说,一切行为,原始的或获得的,都是反射,也就是性质上根本是机械的意思。行为不能超过这反射动作的程度。反射的错综与完整,当然有许多种类,可是都只是繁简的问题,学习的最后的目的只在于制约反射的造成而已。

神经系统的制约,可以解释"精神分析学"所认为很神秘的"隐机"(complexes)的构成。华生(Watson)以"恋母的习惯"为例。一个孩子被宠坏了,由于样样事情,是他的母亲来代做。他吃饭、洗澡、穿衣,都单靠他的母亲,他一定要同他的母亲时常在一起。结果就有后来不易打破的恋母习惯。即使结了婚,而旧的束缚太牢了,结婚的生活会不满足,因为这少年的生活,仍继续以他的母亲为中心。依华生主张,这个解释,不用潜意识的需要或压抑作用,而可用神经系统早期的制约来说明。小孩子不过学习了某种的反应就是了。

这种学习的解释,对于本能问题,引起重大的改向。最初生理心理学的发展,把本能的地位提高(参阅第八章)。有了某种倾向,便应自由地发展。在生理的(尤其是胚胎的)发展上,环境的影响是次要的,甚至时常是有害的。但意识的概念既被抛弃,则整个的看法就不同。照华生的意思,本能的学说,正是二元论的复活,在严正的科学的心理学上,是没有地位的。行为仅包括原始反射与制约反射,无须提到本能。人类婴儿初生时的互相差异,只在身体构造(包括化学成分)上的差异。除构造上的限制外,他们都是相同的。这就含有环境与教育是顶重要的意思了。若说个人有特别的倾向,或遗传的特质,使他适宜于某种职业,如医药、法律、艺术等,那便是神话。"行为说相信没有什么内在的发展。只要有一个生来健康的身体,手指与足趾的数目都是对的,有两个眼睛与几种原始的基本运动,你就可以把他造成一个人,无论是一个天才,一个雅士,一个流氓,或者一个恶棍。"[1]

　　这种解释,有显著的教育上的关系。学习决不仅理智的。或者用行为说的话语来说,学习不仅限于有条纹的肌肉,控制着情绪、情操的内脏反应,是更重要的。对一个孩子说某种文学或艺术怎样美,某种操行怎样好,都是没有效果的,除非这个孩子的内脏反应对这些话能够赞许。就是说,他一定要有一种同情的感动;否则,只是一套废话。这些情绪的反应,供给我们对价值判断的真正的标准;它们决定我们的动机。人生的成功与失败,不单由理智的能力来决定,大部分的失败,或者可以归究于情绪的失调,如暴恣、易怒、无自信、不坚持、不整洁、不可靠等,都是不良的情绪的组织。

　　神经系统很忠实地把我们历来所获得的制约反射积聚起来。它能够"记忆"过去。"记忆"的功用,在学习上成了一个复杂的问题。这是因为语言的反应有了一个特殊的地位。解答这个问题,最好注意到记忆这个名词,依它有没有包含语言的反应,分做两种意义。我们从前学过游水与滑冰,几年以后,我们仍旧牢记怎样去做这些事。在这种意义上,记忆只是我们保持用某种方法对某种刺激起反应的能力的意思。被火烫过的孩子,可以记忆着不快的经验,就是对火有一种永久的反应的意思。这里没有像回忆中想起特殊的事情的样子。

　　另一种记忆,是很不同的。它把过去的事情确定的指出来,并且供给相当的内容与背景。所以我们记忆十年前的狩猎,那天怎样的下雨,怎样的误牛为鹿等。这同记忆着怎样游泳,是无疑的不相同了。不同的性质是什么呢?照行为说的看法,就在于语言化(verbalization)。我们的活动是与语言化交织着的,而这种语言化,就有了回忆的可能。一般成人,当觉醒的时候,甚至在梦寐里,总是在说话的。他的大部分说话是听不到的,只是采取含蓄的反应或无声的语言的形式。它包括唇舌喉头与胸膛的肌肉的收缩。这种语言化的进行,大部分连本人

---

[1] Watson, J. B., *Psychological Care of Infant and Child*, p. 41. 章益等译,《行为主义的幼稚教育》,黎明。

自己也不觉得。因为这语言化的倾向，我们的活动，是同时用有声或无声语言来表示的。一个人拿起报纸或放下雨伞的时候，同时会说"拿份报纸"或"把伞放在这里"。所以记载在神经系统里的动作，一部分是语言的反应，而这种语言的反应，便是日常记忆的关键。

要解释这是怎样的发生，须根据生理上习惯构成的原则。假定一个孩子，在他的笔记簿上抄一首诗，他每个字都同时看它念它。所以对视觉的刺激，同时有手的与语言的两种神经反应的组织造成。这两种组织，当然是多少相同的，因为不同的作用，在神经系统中同时进行着，易于互相联结，所以一种出现了，就引起从前的联结。

假使一个美国人抄写中国字，语言化的进行，自然是较不顺利了。但也不能假定就没有语言化作用，不过它是另外一种的罢了。他仍旧可以把符号语言化，或者给符号造一个名称。不过一种手的作用，如抄写，也可以不乞助于语言，多加重复，以致最后能从记忆里做出来。只要第一个符号开始进行，其余的就会蝉联而来，像羊群跟着一个向导一样。在打网球里，我们有同样的情形。一个好的球手，会做出技巧的复杂的拍击，因为他的神经系统，供给眼、手与肌肉的某种联络。他会怎样的拍击，却不会告诉一个新手怎样去拍击。因为这种相互关系的造成，是未伴有语言的组织的。

在纯粹的手的活动组织里，动作的再现，是靠过程中每个前步引起后步的。反之，假使与它平行的语言的组织已经造成，那么，过程就较复杂了。第一步是有两个联结，一个是同第二步的联结，一个是同第一步的名称的联结。假定一个孩子缮写英文字母，从 a 字开始。a 的缮写，同语言的 a 联结，也同第二步动作，就是 b 的缮写联结。同时，语言的 a，也有一套联结。语言的 a 同语言的 b 联结，而语言的 b 又同 b 的缮写的运动联结。所以这个孩子在缮写了 a 以后，可由两条途径渡到 b。他可直接由手的系统从 a 的缮写到 b 的缮写，他也可以绕了一个湾，从 a 的语言，到 b 的语言，再从 b 的语言到 b 的缮写。换言之，a 的缮写同语言的 a 联结，而语言的 a，引起一个同 b 的缮写联结着的语言的 b。语言的反应，建造在整套动作里，所以变成引起从前的整套动作的适当的媒介。

到了语言的反应成整套动作的一部分的时候,我们就能够说出复演各种步骤是什么了。所最需要的,只是唤回语言的作用,这便构成了记忆。所以记忆,只是追溯到与语言相伴着的事情。我们在学习说话以前,不能记忆。

把动作语言化了再现起来,比没有语言化而且再现一个动作容易些,这有说不出的理由。没有名称的帮助,去学会次序不乱的缮写一套字母,一定是一件繁重的工作。把语言的 a 联到语言的 b,比把 a 的缮写联到 b 的缮写,显然容易得多。我们容易由语言的系统从 a 的缮写渡到 b 的缮写。最长的圈子,却是最短的捷径。

这里我们再停一下,来说明在教育上的意义,就是教一个孩子很注意的把他在学校里所学习的东西语言化起来,是很重要的。在我们醉心于"自发活动"与设计教学的时候,语言化的重要,易被忽视。学生们能够应用学习的结果,大部是靠语言化的。我们对于旧教育的极端语言化的反动,固然有了解与同情。不过这种反动却也太趋极端。语言在教育上有特殊的重要,在反对过重语言的学习时,我们有连语言的重要也忽略了的危险。

其次要讨论的,是思维的性质。行为说对于这个问题是逐步解决的。它以为所谓思维,大部只是一种习惯的控制。美国第五任总统是谁? 我们或者向未碰到这个问题。为要找个答案,我们背述各任总统的次序,一面数着: 华盛顿(Washington)、亚当斯(Adams)、杰斐逊(Jefferson)、麦迪逊(Madison)、门罗(Monroe),"第五任总统是门罗"。我们背到门罗便停了,因为这是一个对的答案,就是这个答案,能使刺激停止着刺激。上述例子的显明的特征,是语言的习惯的控制,是以语言替代了某种的活动。我们称这种语言的组织的特别用法为思维,因为思维是用符号来替代别种作用的活动。更简约些,如华生所说,思维是对我们自己的说话。

上面的例子,虽然是思维,但还不是很高度的思维,大半是记忆的作用罢了。对于"创造"的思维,行为说有什么解释呢? 在解答之前,要大略看一看动物的学习。因为从这里,可以看出所谓创造,也只是表面的,而非实际的。例如一头狗,可以学习开一个花园的门,它在门前立起后腿,把脚爪在门梢上一推;狗的体重,压在门上，把门推开而逃出了。在旁观者看来，这是很聪明的；不过在行为心理学者看来，这同制约反射的造成，是完全一样的。当主人要这头狗不跟着他出去而把门关上的时候，狗起先向门乱跳乱抓。乱抓的结果，碰巧压到门梢，得以出去。以后这种同样的情形发生了几多次，不相干的动作逐渐减少了。最后这头狗会没有任何的乱动就把门打开。假使我们不再思索，将要相信狗有高度的智慧，引导着它的动作。其实这并不比水流泛滥，而造成一条新的河道，有更多的智慧。狗开门的动作，只是某种简单动作如站立后腿、靠上大门、用爪去推等的联合。这些简单的动作构成一个大的单元习惯，和任何别的制约反射的造成，本质上是一样的。

所谓创造的思维，除用语言的组织来进行以外，可以归究为和动物的学习是一样的。动物对于事物暗中摸索，直到碰着对的反应或发生疲倦时，才行停止。人类碰到"机械谜"的时候，也是这样，不过能够以语言的习惯来替代一部分的摸索罢了。把人放在这类实验里，他大概是时常自言自语，或是有声的，或是无声的。要开门，他便自言自语地说——"把门铰拿下"，"把门梢解开"，"用一杆来挖开"等。需要开门的情境，引起一切从前造成的语言的习惯。我们已经造成对于门铰门梢等语言习惯的组织，现在用到它们了。我们对于门铰已经造成语言的反应，还有涂油、摇动等等；而现在只想到"拿起门铰"，不想到"涂油"，这是受刺激反应的联结的定律所支配，而不是受一个神秘的智慧所支配的。用到一种语言的反应而不用到别种语言的反应，这就是所谓对于情境的分析。比较起来，低等动物，只能把情境作一个整体而不分析的来摸索。人类对于问题能较分析的去应付，应该感谢这些语言的组织。不过低等动物与人类，对于问题的解答，都是在于把过去的习惯联合成新的型式的。

当我们用完全内省的方法来解答问题，就是完全用语言的组织来应付问题时，这种解释，也一样适用。例如某人来邀我们去旅行的时候，就引起我们各种语言的组织。或者这个提议是很有吸引力的，是骑马、远足、钓鱼、露宿等。可是转念间，相反的语言组织来了，出去是很费时的，办事处的公务要积压起来，某种约会不能去了。我们用这些反应来摸索，无异于狗对大门的摸索。一会儿，解答来了。旅行的期间与性质，都可以改变，以适应当前困难；不能适应，即行放弃，决定不去了。在这种情形里，作用都完全是机械的，并没有一个不相干的心参与其间。

以上的讨论，把行为说解释人类行为的方式，表示一个大概的轮廓。这讨论的主旨，在于指明心理学上行为说的运动，不是对于传统的学说不负责的背叛，而是对于心身二元论上重大的困难，与新解释的合理性，都提出了很多的理由的。行为心理学对于学习过程的解释，显然有重要的意义。假使行为说是对的，教育的方法，是必须彻底改造的了。行为说对于教育的解释如何，下章将有较长的讨论。

参考书

Meyer, M., *The Psychology of the Other One*, Chapters Ⅰ, Ⅱ, Ⅸ.

Watson, J. B., *Behaviorism*, Chapters Ⅰ, Ⅴ, Ⅹ, Ⅺ. (陈德荣译：《行为主义》，商务)

Watson, J. B., *The Ways of Behaviorism*, Chapters Ⅰ—Ⅴ.

Weiss, A. P., *A Theoretical Basis of Human Behavior*, Chap. Ⅰ.

第十章
行为说与学习过程

以上二章,已经探查生理心理学怎样发展而为行为心理学的过程。这种发展,对于教育的理论有很大的影响。而这影响,在那种发展达到行为心理学之前,也早已显著了。

这是怎么来的,也很容易说明。研究身心的关系,自然会注重到本能、倾向与冲动等方面。在从前,这些是没人注意的。所以把小孩子的游戏、图画、建筑的倾向,多少看做是一种妨害,因为这会妨碍小孩子书本的学习以及成人生活上有用的事物的学习。最好,也不过认这种倾向是轻浮;而时常是认为遗传的劣根性的证据的。这样,教育的任务,就不是利用这种倾向而引导于心智的发展,而是忽视这种倾向,甚至压抑这种倾向了。

不过我们若用生理心理学的观点来看儿童,便很不同了。我们把儿童作一个充满着要迸发的动力的有机体(An organism full of explosive energy)来看,环境的刺激,发放出他的能力来,好像火柴发放爆竹一样。婴儿到这世界上来,带有各种样式的反应的倾向,称为怕、怒、好奇、发声、伸手、握物等。这些反应,并不含有任何道德的品质,它们只是身体组织的机能,同呼吸与消化的反应是一样的。不过它们是个人的道德生活与理智生活所由形成的原料。所以发声作用,一定要训练成文明的语言;怕、恨、好奇与羡慕,一定要加以变化和指导;玩弄东西的倾向,一定要变成机械技能与物质知识的基础。现代教育的特点之一,便是主张教育儿童应该从原始的倾向出发。

可是在这种注重点的改变之前,还有从心体说到意识说的转变。而在意识观念流行的时候,教育理论与方法的中心,不在于身体的原始的倾向,而在于由感官进来的印象的组织。换言之,把意识替代了心体,便使我们有先收印象再事其它的见解。学生开始是被动的。用赫尔巴特五段教学法来解释,教师第一步是引起学生的某种过去经验(预备段),于是乎授与某种新的材料(提示段),然后各段按次做去。不管赫尔巴特一派的教育学者谈到自发活动怎样的多,他们的出发点,总是一种被动的状态,因为他们假定学生是专应付着某种印象材料的。于是教学变成一种按照固定步骤的工作,多少像一个厨手呆照着食谱而烹饪,而兴趣说的优点,心理的组织的需要,反大半消失了。

> 教师实际所利用的兴趣,是儿童们共同的兴趣,教师认为由已知到未知的统觉合体,是限制于前课里所学的东西。在这个理论体系里,越有良心的教师,压抑儿童的真正活动而用成人的模样来陶铸他们的作用越厉害。儿童变成了陶工手里的黏土。教师只急于得到一个有价值的制造品,而儿童的个性、创造性与自发性,却都被忽视了。[1]

杜威说:"对于一个婴儿获得知识的方法,只须作五分钟公允的观察,便会推翻他是被动地吸收孤立的声音、颜色等的品质的观念。"[2]被动吸收的观念,既经推翻,方法论也跟着改变了。当我们把学习作为学生方面的一种活动过程看,整个的看法就改变了。要遇到什么困难,要采取什么途径,才能达到目的,也就不能预定。整个的工作,是试验性质的。困难一定要在发生的时候去应付,没有固定的步骤的。教师应从学生方面去找得线索。不是学生去适应教学方法,而是教学方法去适应学生。学习变成一种创造的过程;预先把进行的步骤全盘规定好,是不中用的。

---

[1] Thayer, V. T., *The Passing of the Recitation*, p. 23.
[2] Dewey, J., *Democracy and Education*, p. 317.

简言之，赫尔巴特主义的缺点，在于意识说所产生的根本错误的学习过程的概念，杜威说："他的理论的根本缺点，在于忽略了生物有种种主动的与个别的机能；这种机能所以能够发达，全在生物应付环境的时候，它们能有改造与联络的作用。"[1]赫尔巴特主义，以教师为中心，不以儿童为中心。它反对心能心理学，而注意到教材与教法的重要，固是一大进步，却仍未摆脱儿童是知识的储藏器的概念。"简括说一句，赫尔巴特的哲学，关于教育的事情，面面顾到，只缺少了教育的本质——没有注意到儿童有活跃的生命的动力，在寻求机会充分使用出来（Vital energy seeking opportunity for effective exercise）。一切教育虽都能范成品性（智慧的与道德的）；而所谓范成，在乎儿童本性的活动的选择和协调，使能利用环境里的材料。"[2]

赫尔巴特主义（其实，从意识心理学出发的整个教育学说）为什么使人失望的理由，在于它保持着原始的身心二元论。所以即使它从古典的课程里解放出来，也没有很大的利益。教材扩充的作用，并没有摆脱了儿童是陶工手里的黏土的观念。反之，假使从儿童有活跃的生命的动力，在寻求机会，而充分使用的观念出发，整个情形便改变了。职业便可以变成理智的、社交的、艺术的等能力的解放的媒介，而职业与文化的对峙，兴趣与义务的对峙，便可以消灭了。课程的组织，便以解放固有能力所需要的来决定。否则，由教师来决定教材的选择和组织，又由教师逐步来引导，那就不会鼓励学生的创造能力，而只鼓励学生遵循预定的形式了。杜威说：教育上故旧的各种对立——文化与职业，理智与实用，义务与兴趣等——依然是有效的教育的障碍，因为这些都是二元论的残骸。所以结果这种较新的教育学说，和形式训练一样变成了传统主义的同盟了。[3]

由传统的心的概念所产生的二元的对立，可用兴趣的问题为例。假使心是孤立的本体，兴趣只是为维持注意而有的快乐与苦恼的感情的刺激。根据这种概念的兴趣，就产生了"软性教学"（soft pedagogy）。而为改正这种趋势，又得到

---

[1] Dewey, J., *Democracy and Education*, p. 83.
[2] Ibid., p. 34.
[3] Ibid., Chapters XIX—XXII.

一个同样矫揉的义务的概念。认人是天生的自私自利的,只可由训练他服务义务来拯救。这样,义务是他的原始的本性以外的东西;道德的行为,是外在的权威的强制。其实人根本是一个自动的生物,他的各别的冲动,要互相参酌改造,才能获得充分的自我表现。若使我们不从这点出发,那么,当然不会知道义务是个人更深而更广的兴趣的表现。从这点出发,则兴趣与义务,可以相携并进,而原来的对立,可以解除了。

行为心理学,对于赫尔巴特的心理学里所产生的困难,给以一种很简单的补救。赫尔巴特主义,误于意识的成见,所以漠视了身体。这个成见,自然把对象的中心认错了。照行为说讲来,意识是假想的,不必要的。人类的行为,用不到以"心"、"目的"、"意义"等范畴,而可以有圆满的解释。心、目的、意义等,都是故旧的二元论传给意识说的遗物。二元论已经证明是没用了。行为说廓清一切遗迹,从头开始,一切学习,可用制约反射来解释了。

这种有趣的尝试,现在要更详的考察。我们可从动物学习上桑代克所做的先锋的工作说起。他的工作,有些是对猫的实验,观察它们怎样从笼里逃出来。一只猫,饿了相当时候以后,把它放在笼里,而把食物放在笼外,使它可从门栏里看见食物,却不能拿到。猫便挣扎着,它跑到门栏,想挤出来,用脚爪到处乱抓。实验的目的,是要找出它要花多少时间学会一件事情,如拉绳、解结,或拨动机括等;使它从笼里逃出来。

这些实验,有很有趣的结果。猫既然不了解足致解脱的机括,它第一次从笼里出来,当然是只碰机会;而在杂乱的动作中,偶然做了开笼门时必须做的事情。例如,它碰巧拉着挂在笼子里的绳,由此可以开着笼门出去。这实验的有趣,是在猫是显然不"了解"这条绳的意义的。(这一点,看在桑代克以后各实验里更清楚。)当这实验再做的时候,猫不是一直走近这条绳,如我们希望人类所做的。它却和从前一样,到处用爪去乱抓。换言之,成功的结果,仍然只凭机会。不过,屡次实验后,开门所需要的时间,逐渐缩短了。错误反应的数目,也逐渐减少了。就是猫已逐渐造成关在笼里的情境与做拉绳的动作间的联结。最后这猫放入笼里,便会立刻做出对的动作。用通俗的话来说,这猫已学会怎样逃出迷笼了。

这个实验的特点,是这种特殊的学习,假定是没有意义的了解的成分的。这学习只是牢固某种反应的过程,如我们学习网球或打字里的动作一样。依桑代克的意思,这就是一种造成制约反射的过程。我们想到猫从入笼到逃出时所需的时间逐渐减少,便觉得事实恰替这种解释生色。"有一只猫在某箱继续各项所需的时间(以秒计)是 160,30,90,60,15,28,20,30,22,11,15,20,12,10,14,8,5,10,8,6,6,7。"[1]把这些数目画成曲线,一定发现它很不规则,不过也看出它有一种下降的斜度;这下降却不是突然的。如果动物会顿然领悟而发觉绳是逃出迷笼的手段,应该有突然下降的情形。推想起来,曲线的逐渐下降,表明错误反应,逐渐减少,直至猫的神经系统里,固定的确立了只做一种反应的倾向。

假使猫会了解拉绳与逃出迷笼间的因果关系,第三次实验所需的时间,决不会有九十秒钟之多,这表明猫不会由因果关系的了解而学习。它在最后的时候,也不比起先有更多的领悟。最后的反应,同原始的反射一样,是没有了解或目的的,好比我们的手碰着火炉时缩回一样。这便是桑代克的理论。在他看来,学习的过程,只是造成一个新的神经的通路,使以后刺激所引起的,只有某一个反应,而排斥其余不相干的反应。在猫的学习中,开笼门的反应,和一个特殊的刺激,是确定的联结了。

这种学习的解释,可有两种方式:一、可如华生所说,猫每次逃出迷笼,做了对的动作,也做了许多错的动作;不过每次它决不会犯着相同的错误。换言之,对的动作比任何错的动作是做得多,所以依习惯的定律,在对的方面造成了一种倾向。二、或可如桑代克所说,做了对的动作,结果满足;而能够得到满足的动作,是占着优势的。这种动作,被保留了,所以反复起来,格外容易。我们所要注意的,这两个解释,都归于生理的习惯,而不归于行为说里没有地位的"领悟"。反复的结果,错的动作,逐渐汰除,最后只保留了对的动作。而一切是可以用反射来说明的。

---

[1] Thorndike, E. L., *Educational Psychology* (*Briefer Course*), p. 181.

第十章 行为说与学习过程

现在回说到人类的学习,似乎有很大的差别。不管我们怎样解释低等动物的学习,而人类似乎是会使用智慧的;用简单的习惯的构成,来解释人类的行为,如对付猫或其它动物一样,是不容易的。无论怎样,在表面上看来,总是有很大的差异,就是人类有抽象的思维的能力的。他们会分析情境,会想出适当的步骤,以达到所求的结果。换言之,他们几于会完全汰除凌乱的动作,疲劳的反复,而立刻把握住对的动作,因为他们是赋有了解或领悟的能力的。所以人类的学习,似乎不仅是上面所叙说那种习惯的构成。动物学习,不论如何解释,而人类学习,是有机械习惯以上的观念与目的的引导,似乎是显明的。

这种差别,桑代克也承认,他以为上面所说的动物学习,

> 有一个消极的特征,就是没有推理演绎的思维,实在没有什么观念的使用。假使读者也被人引到迷路里或笼子里,他对于这些情境的反应,一定含有许多(关于这些情境的)观念、判断、思维;他的行动,大致为这样一串一串的观念所引起,是即寻常所谓推理。那烦恼的情境与解除烦恼的反应中间,或竟有一小时的考虑、思索、计划等等;但在鸡与猫,我们没有证据可说它们的举动,乃为迷路的,或笼子的,或食物的任何观念所规定。它们的反应,是直接对情境而发生的,并未在观念上转过一个弯。[1]

动物与人类学习间的差别的承认,指示对于一切学习都还元于制约反射的行为说,必须有一个限制的范围。可是这种限制,又似乎不得不回到桑代克所深恶的古旧二元论了。桑代克并未自认是一个行为说者,不过他与行为说者一样地坚持:一切学习,动物的或人类的,根本是一种制约反射的获得。他说:

> 凡人对于情境学成任何反应,总逃不了常用、失用、满足、烦恼等因子的作用。人性里并没有什么魔术,遇有新情境,会有反应无端像发惊

---

[1] Thorndike, E. L., *Educational Psychology* (*Briefer Course*), p. 131.

疯的出现。那时,他的习惯,并不会远远地站着,让什么神秘的智慧来指导他的行为。恰恰相反,旧情境里所养成的"联结"(刺激与反应的联结),一定是在新情境里重复发现的。儿童得一新物件,野蛮人见一新用具,制造家新造一火车一汽车,儿童初学代数,外国人初说英语,一切这样的事上,旧有习惯显然与原本倾向同为规定新反应的原因。[1]

这种看法的要点,显然是人类的推理,骨子里,只是比猫逃出迷笼较为复杂的过程而已。人类与低等动物的不同,在于他有"叫做推理的一串观念",有"考虑、思想、计划等的能力"。不过在桑代克看来,观念或推理,并不表示一种本质上新异的东西;所以我们第二步工作,要说明他怎样化观念及推理为制约反射。

人类对于一个复杂情境里的各个分子,能够分析而有各别的反应,这比低等动物的能力高得多。我们就从这点说起。分析是逐渐生长的。我们最初只把情境作一个浑沌而不分明的整体来看,后来才逐渐学习提取其中显著的特点的。用詹姆士的描写的话来说,在婴儿看来,环境是一个"硕大的、繁滋的、模糊的混乱"(a big, blooming, buzzing confusion),低等动物,大概始终没有能够超出这一境界。它们当然认识各种事物的差异,但这只和我们能够辨别某人的态度是和爱点或严肃点一样,虽辨别而说不出为什么或怎么样,只是对整个情境的"感觉"而已。在人类的经验里,整个的情境,却可分成许多各别对付的分子。这种情境的分子,最后就成为观念和推理的来源。

  人的学习会依照各个分子而分别反应,而在低等动物,则这些分子永远淹没在整个情境之中,不能抽绎。我们的家具、谈话、举动,在狗的感觉上不过是一片模糊的印象(正犹读者颠倒看一幅素不熟悉的风景画,或听外国人喧哗对语,或第一次落在十尺深的水里,或在一间素不

---

[1] Thorndike, E. L., *Educational Psychology* (*Briefer Course*), p. 149.

熟悉的房里半夜为地震所惊醒）；而在人呢，这一切是事物，是语句，是动作所积聚起来的；且又为色彩、数目、大小、形式、轻重种种分子所确定，所组织；其中每一分子又各能从全部情境中分析出来，以引起个别的反应。[1]

　　从生活的全部情境里分析出来的东西有两种。有的，如各种用具，是某种情境里的物质的分子，这些不依靠那情境而存在，用具是很容易从一个地方移到别的地方的。另外有的分子，如数目、大小、形状、轻重等，就不过是些抽象的观念，它们不好有形地从这个情境移到别的情境里去。要把一把椅子从房间里拿出来，是很可能的；要把椅子的形状或大小，从椅子里拿出来，这是不可能的。但是我们想到椅子的大小或形状，和想到椅子本身或放椅子的房间一样的容易。就是我们能够对于那些抽象的品质，和别的品质分离开来而作反应。这只因我们有低等动物所显然没有的某种反应的能力。在动物，便不能和人一样，把这些品质分析开来。用桑代克的话来说："一种性质上不能独立存在的分子，对人类也好像是独立存在的。这样造成的'联结'，几于不顾到它所附丽的全部情境的。"[2]

　　对事物的特质反应的能力，是抽象观念的来源。构成这些观念的过程的假说，是很有趣而重要的。以三角形的观念为例。三角的形状，同许多事物联合着——同黑板上的线条、竖琴、尖劈、房子、庭园，甚至三角恋爱事件联合着。就因为这个形状在这样多的背景中发生，最后便从这些不同的背景里分离出来了。这是由于詹姆士所谓"变更伴随的条件的分离"。因为这个形状，和这样多的不同的伴随的情境出现，而同它们只有极松懈的联合。说到三角形，各种联合的情境，互相牵掣着，最后从它们中抽了出来；对三角形的反应便独立了。到了这步的时候，我们已有了三角形的观念了。这样说，这种学习过程，同猫学习逃出迷笼的过程，本质上是没有区别的。

　　思维的变化性与习惯的固定性，固然有很大的差别，不过我们注意到反应不

---

[1] Thorndike, E. L., *Educational Psychology* (*Briefer Course*), p. 141.
[2] Ibid., p. 161.

仅是对着整个情境,而是对着情境里的各个分子;那么,这差别也好说明了。像牛顿发现万有引力定律那样的伟绩,表面看来,决不好算是习惯。不过仔细考验起来,其实也只是习惯定律的一个例证。拿熟悉的故事来说,苹果落地,暗示了月球也是一个坠体。事实上月球环绕着地球的路径是圆的,不是一条直线,像下坠体所走的路径。不过圆的运动,数学者分析成两个分子,一种是离心运动,一种是向心运动。就月球而言,向心运动,是向地球的直线,同坠下的苹果的路径一样。当牛顿把月球作一个坠体来想,他不是对全部情境来反应,而只对情境里一个抽象的分子来反应,就是只对月球的向心运动来反应。他这样做的时候,只是把他对地面上坠体所构成的习惯,移用于月球的观察上。这样的习惯的应用,可算是创造的思维,不过毕竟一样的是一种习惯。

这种解释,有可喜的简单性。低等动物的学习,在于对某种情境造成某种反应。由于机械的原因,对的反应保留着,而其它的反应都逐渐汰除。在人类,情形似乎是两样,因为人类的心智,是会分析,会区别重要与不重要的。不过人类与低等动物的差别,也只是表面上的差别而已。只要细加研究,便知道这两种情形的过程,本质上是一样的。人类对情境里的分子,有更大的反应能力,不过并没有一点本质上是新的东西。当一个人推理出一个问题,他不是对全部情境去反应,而只对这些分子去反应。他会对付新异的情境,只因他会探索出情境里的各分子,其实那些分子并不是新的,而是旧的,熟习的。已经学会了拨动机括来开门的狗,若换了滑闩,可以完全受困。而这类改换,在一个普通的人,不费几分钟,便可把门打开了。他一定找出这两种情形里相同分子,就是把门闩拿开。这种反应抽象品质的能力,使人类控制了物质的环境。我们能够用飞机,因为我们发现空气同水一样的是种流体;我们创造蒸汽机关,因为我们发现蒸汽有推动的力量。所有这些发现,都由于反应抽象品质的能力。"一个天才思想家的'领悟',在我们看来,似可惊叹,因为有些微妙的分子,他能够看出,而我们却不能。"[1]

照上引的话所表示,桑代克随便应用了二元论的名词。他毫不犹豫地提到

---

[1] Thorndike, E. L., *Educational Psychology* (*Briefer Course*), p. 170.

"领悟"、"思维"或涉及"观念"、"满足"、"烦恼"等，却毫不费力于解释这些名词的意义。有时从他的说话里得到的印象，他是相信意识说的。例如他解释一个动物在迷津中找寻出路的反应，同一个小孩子解答算术问题的反应的差异，是在于小孩子的反应"含有观念的分子"。这很像说，某种身体反应，引起意识状态，而所引起的意识状态，又做了身体反应的原因。这正是身心交感论。桑代克当然不是真的这样主张的。在他，观念一名词，只是某种身体反应的方便的称号。他的全部理论是：对情境里一个抽象分子的反应，便等于有一个观念。所谓领悟，正是对情境里重要的分子的反应。领悟和其它作用一样，可以还元于身体的反应，而受制于习惯构成的一般原则的。桑代克并不与二元论妥协，因为二元论是，"明言或暗示人的'意志'、'注意'、'问题的觉知'，或其它的禀赋是有神秘的势力，能规定联结的是否正当，是否有用的"。

至于应用到训练转移的解释，桑代克是大家所知的相同分子的学说的创始人。所谓转移，其实只是在新情境里把我们以前已经学会的动作反复一下。桑代克说：

> 一种心智作用（或活动），所以能使它种作用进步者，因一部分有相同之处，所包含的分子有共同的；而进步的程度也以此为限。加法使乘法进步，因乘法一大部分就是加法；拉丁文的知识增加读法文的能力，因读拉丁文时所学到的，许多就是读法文时所必需的。学几何或能使学生的思维更合乎论理，因为一切思维的合乎论理，在于知道事实能绝对的证明，而且对于这种确实而没有疑问的证据有信仰。……
>
> 这些相同的分子，或属于内容，即训练的材料；或属于态度，即所取的方法。前者可称为质料的相同，后者可称为方法的相同。[1]

这无异于说，没有转移那回事，不过说得微妙点就是了。假使我们学习六加

---

[1] Thorndike, E. L., *Educational Psychology (Briefer Course)*, pp. 276, 277.

七，这个成就，当然对乘法问题里六加七是有用的。质料的相同，没有什么转移，只是把以前已经学会的没变换的再做一次。虽然桑代克没有直爽地说出来，而照他的理论的含义，方法的相同也是同样的道理。一个感应结(S‑R bond)，早在神经系统中，所以我们会同以前一样的反应。无论怎样巧妙地改变我们的行为来适合新的情境，行为最后的解释，总是必归究于机械的感应结的。

这讨论的要点，是桑代克与行为说者的方法是完全一样的。桑代克比较轻视语言反应的功用，所以对思维过程的解释，更较困难；而他的使用二元论的名词，尤其如"满足"与"烦恼"等，是难加原谅的。不过我们不可因这一点差异而蒙蔽了下列的事实：他同行为说者一样，以为学习的整个过程，根本是制约反射的获得。

这种学习的理论，好处就是简单。严格采取这种观点，会得到更惊人的推论。华生说，我们的好尚，是受内脏反应的决定，而这些反应，和其它反应一样，也可以制约的，我们喜欢某种东西，而厌恶其它东西，因为我们对它们已经造成了某种反应。如果条件具备，可使一个小孩子对任何东西发生厌恶的感情。换句话说，我们的好恶，全由制约作用而决定的。说某种艺术或文学是"伟大"的，某种社会组织或风习，如私有财产、婚姻制度、诚实等，是"神圣"的，也不过因为我们从小就对它们制约着的罢了。我们时常说到"进步"，却不晓得"进步"只是偶然所好的一个代名词。野蛮人和我们是不同的制约着的，他们有他们的"进步"的标准，我们没有方法去证明他们是错误的。因为内脏反应它自己就是一种定律，好恶是因人而不同的。

在教育方面，我们只要使学生遵守团体的标准。使他们爱好这些标准，而同时也给他们这样的印象，我们的标准是根本上比别人的标准高尚的。例如，我们不仅学习爱好民主而厌恶独裁，我们还可以参与战争，使全世界共享民主。一切改革的动机，与宗教的热情，都从客观的"善"的幻想而来的。

把这个论证从"善"推到"真"，当然也是可能的。行为说者要我们相信他所说的是真的，可是只指示我们他所以这样的说，因为他是受这样的制约的。假使我们真和桑代克的猫一样,那么来谈真伪问题,是毫无意义了。一头猫——或者一本现款簿——是真是误,完全由旁边观察者的观点来决定的。我们把对猫的解释应用到观察者身上来,那么有什么正或误呢?这似乎有一点不通了吧。

关于真伪的辩论,或太专门了,不必谈它。现在只要注意到行为说的教育的涵义,最后和赫尔巴特的教育学是很相像的。就是注重点放在教师身上,而不放在学生身上。教师要做中心,他得组织与统整学生的意识(或行为),而学生只要被动的接受就好了。但生理心理学的发展,则使学生变成教学的中心;使教育的方法,趋向于解放和指导学生的固有的能力;使我们愈加认识学生是动力的泉源,他自己会探求与试验,以控制他的环境,所以教育上有一种强烈的运动,注重到创造的活动。

可是这种运动,不是由于行为心理学而来的。行为说只要求反应和刺激的联结。只把学生当作一种原料。等候教师的制造。它必然地忽视教材之"心理的组织",因为照它说,教师不想怎样去刺激学生创造的思维,以重新组织,重新解释他的宇宙,而只想怎样去保证某种特殊的反应的出现。这样,使得塞耶(Thayer)要疑问了:"习惯的造成,不就是外力的控制吗?那种教育,不就是一种被动的事情,而一切由教师决定了的吗?这结果不仍与洛克、赫尔巴特的见解一样吗?"

总之,桑代克以习惯为动物学习的基本范畴,又以为人类观念的构成,本质上并没有什么新异,就把这基本范畴应用于人类的学习。从教育的立场来看,这只是从一种形式主义转到另一种形式主义。行为心理学,至少在表面上,也决不欢迎赫尔巴特所不顾到的创造性与自发性。换言之,决不会承认心智、目的或智慧是一种特殊的行为型式。怎样才能给智慧一个特殊的地位,以后还要说明。现在我们只要晓得在桑代克的学习理论里,习惯的造成是最后的范畴就好了。在这一点上,他是把自己归到行为说者的队伍里去的。

参考书

Thayer, V. T., *The Passing of the Recitation*, Chapters Ⅵ, Ⅶ.

Thorndike, E. L., *Educational Psychology (Briefer Course)*, Chapters X, XI, XII.

Thorndike, E. L., *Animal Intelligence*.

Watson, J. B., *Psychological Care of Infant and Child*, Chapters II, III, IV.

第十一章
目的性的行为

专家们常要我们相信,人类的行为,和机器的运动,没有重要的差异。我们所觉得的差异,只是繁简上的差异,和比较独轮车与汽车时所觉得的差异一样。人类自负有各种的目的,而其实目的是可以还元于机械的原则的。人就是机器。

这种结论,当然与常识不符。可是常识是不可靠的。所谓常识,或许不过是习熟的偏见。"心"或"意识"的信念,是常识所拥护的,然而在证据上说,这种信念是没有采用的理由的。所以我们对于人类行为都可还元于机械的理论,值得再详加考虑。

先问什么是机械或机械的运动。这个名词,不容易有定义;这里,我们只要消极的说,机械是没有目的性的就够了。说一种运动是机械的,就等于说它没有结果的预见。例如,旋风拔倒树木,而空气的运动,并不是特地摆布着来拔倒树木的。风来了,树木当着冲,便被拔倒了。炸药也会摧拔树木;如果说有目的,这目的也只在乎那个把炸药放在树根上的人,炸药自身和旋风一样,是与目的无关的。现在要问:把炸药放在会摧坏树木的地方的人的动作,是否同炸药自身或旋风的动作一样?常识说:人这样做,是有目的的,所以他的动作与旋风不同。不过假使目的只是一种运动的形态,常识的见解便错了。所谓人的目的,便只是某种活动正在进行的表示,和旋风的狂吼,是拔倒树木的表示一样。那就没有一种行为的形态,它的活动的次序,是被未来的结果所决定的了。

科学者大概不信任目的之类的名词。他们深恐因为这些名词,而把一个外加的因素如"心"或"意识"放到现象里来。为了这种恐惧,他们坚执着机械的解释,这是可以了解的。但因为对于目的的深拒,而又引起与所要避免的错误一样大的错误来。这也是可能的。

在教育心理学上,这个问题是十分重要的。如果目的性的行为与机械性的行为不同,那么我们必须知道是怎样的不同,庶使教育的方法,因这不同而培养智慧的行为的特质。例如,假使思维与机械性的行为是不同的,那么关于思维的知识,就于思维的培养是很有裨补了。

先把心理学的现状略加检查。人类行为最简单的形态,通常称反射。桑代克说:人生来有某些原始的倾向,这些倾向,并没有什么控制的目的。从这些原始的"感应结"里产生出来的动作,和旋风的运动一样。我们闪霎眼睛,并不因为要免外物的侵入,并没有这种目的;闪霎眼睛,只因为在某种情形之下,眼睛很自然地闪起来。这与弹簧拉动了或风吹动了,而门户闭起来是一样的。

反射运动就是这样的说明了。再进而解释反射怎样联络而成本能的与智慧的行为。从这个观点,海獭筑堤的行为,可用环境引起的相续的反射动作来解释。海獭爬到树上,折下了相当长的树枝,再把这些树枝拖到河里去……以至整个工作的完成。各个动作的依次相续,是因为第一个动作的完成,做了引起第二个动作的刺激。就是反射与本能的行为的差异,只在繁简上有差异。一种本能的动作,包含连成一串的许多反射就是了。

说到这里,似乎到了最后一步,可以把同样的解释应用到目的性的或智慧的行为上来了。假使本能的行为里的复杂反应可归究为反射,那么,反对一切行为都有归究为反射的可能,只是一种偏见罢了。姑让事实来决定;照行为归究为反射的见解,环境只会引出反射的潜伏势力,正同火花引出火药的储能一样。有机体的能力,只沿着某种预定的神经通路放射出来,正同一颗子弹从枪身里发出一样。环境只引出身体的力量,并没有方向的指导。用力的方向,是身体自己决定的。可是照相反的一个见解,这里有一个指导的因素,总不好完全归究到已成的神经通路。取消了传统意义的"心"或"意识",则这种指导只有从环境里来。就是,环境不仅发放身体的能力,而且决定了使用能力的方式。

第十一章 目的性的行为

要解释身体的活动,怎样被指导着而能够达到所求的结果,又不许用一个"心"或"意识"来说明,这不是容易的工作。所以我们很了解人们为什么要机械的解释,何况这种解释又有一些合理性呢?假使火星里的游客,降临到这地球上,他看见一个蜜蜂在蜂房里做窝,又看见一位营造师在建筑摩天的巨厦,他将觉得两种行为是类似的,一点没有差异。蜜蜂做窝,无疑的,时间很节省,蜂蜡很经济,构造方面,又达到最高度的牢固。这同营造师所做的,大体是一样的。为什么两种行为不可以用同样的解释呢?

用反射来解释行为,有简单的好处。可是把事实细加检查,立刻发现这种解释必须大加修正,否则,或竟只可废弃不用。照这种解释,我们竟可以造成一架自动的机器,它会完全演出《罗密欧与朱丽叶》(*Romeo and Juliet*)的喜剧来。因为"恋爱里没有坦途",所以这机器必须装有如爬墙,开窗,把外套撕做带子,偷偷的走动,总之,一切应付情境变化的反射。这是很复杂的,但也还不至于不可想象。可是这些不同的反射,怎样互相联络而使这恋爱的冒险得到成功,那就更难解释了。这机械的罗密欧要这样装置,使他看到有梯子在旁的时候,必不可把外套撕做带子;更不可看见外套,就引起撕做碎条的反射,他到朱丽叶的闺阁里去的路途上,碰到第一座房子的窗,必不可去开它;更不可浪费气力,把已开的窗打开来。此外,他一定要对不相干的刺激拒绝而不起反射。假使在路途上,碰到家园里的椅子,就引起了坐下来的反射,那么整个的故事的结果,便不"浪漫"了。

机械的罗密欧,除非同时装好某种有很远预见与复杂技能的能力,他是否按照情境的需要而动作,实在难于逆料。单给他许多反射,还难保证他的动作会适合于情境。什么是适合情境,也视情境如何。例如,假使是需要等一回的,假使那张椅子放在一地方可以看见门窗而不易被人觉知的,那么他就坐下来,也算是过程里适宜的动作。怎样保证对的反射会正常的发生?这就需要假定一个决定反射的次序或联络的指导力了。现在动作的适宜与否,是用将来的动作或事态来决定的。换言之,所谓适宜,是根据预见与目的而定的。

试着罗密欧怎样应付意外的困难,上述一点或者更显著了。警方说:他的路途被一条粉墙阻住了,那墙又很高,不好跳过去。他会侦察附近的情形,拿一只箱子来站上;无奈墙仍是太高,于是他用小刀在墙上挖了许多孔隙来爬上。为爬起来容易些,他先把靴子脱下,再把靴子抛进墙里。或者他更把小刀用口衔住,以便在墙上再挖几个孔隙。这些个别的动作,当然都是以前的习惯。困难的地方,是在解释这些动作怎样联络起来,变成达到计划里的目的的手段——变成所谓目的性的行为。

前面讨论的要点是:把目的性的行为归究为一串反射,是太简单了。许多反射凑成一种目的性的行为,不是恰同一串珠子一样。我们的解释里,还要有一条穿起珠子的线索,就是活动里,还要一个指导着各部分的统一性。换言之,还要一个指导力,来代替旧式心理学里的"意识"或"意志"。

桑代克也承认这种事实,并且补充了他的理论的缺点。这是很可赞美的。他用"传达单元"(conduction unit)来代替传统的"意志",这传达单元,他以为可以解释反射怎样联络而适合于它们的情境。

那么,什么是传达单元呢?桑代克说:

> 照本性,凡一情境能开一组行为之端;其中所包含的,非但现时有某种神经原已在传达,经过某种神经关键(synapses),还须有他种神经原能准备传达及时应用。例如见了猎物,非但使动物现时向前追逐,而且将来追近了一跃而前时,神经上又牵涉其它的传达与结合;这些神经作用,在方见猎物时已预起一可以激动的情况,使能及时应用。等到追逐的行为一经开始,非但上述各个神经原的结合受有影响;而且将来"一跃而前追及了",这种情境要产生"抓住它"的反应;再后又胜利地把它扯碎,或带回自己的巢穴;凡此种种行为所牵涉的神经原的结合,也早在追逐开始之时,起有不同的情景了。神经原的活动,照本性,每每排成很长的一组一组;其中有几个能准备传达,(程度又各不同),又有几个已在传达。例如,一个儿童远远见一引人之物,他的神经原好像先

> 知先觉的预备下一组行为，注目，向前走，看看可以捉摸了就握住，拿在手里，就好奇而玩弄。[1]

这段话，可以答复我们的问题。活动不仅是简单的反射，还包含"准备的原则"（principle of readiness），就是某种反应，同时有准备的反应伴随着；这些准备的反应躲在后面，等候着出现的时机。那就是说：当前的情境，包含着联合在一起的整套反应。这套反应组成一个有作用的单元，这就是桑代克所谓传达单元。一个传达单元，包含一切在准备状态中的反应。

较复杂的行为形态，只是一串反射，前一个的了结，引起后一个的出现，正同引擎一开动，列车的各车辆都继续着运动了一样。不过桑代克的说明，还要复杂些。照他的意思，后起的反应，并不是在前面的反应了结之后的，它们是同时出发的。这种情形，很像河水流过水闸，所有的水，都向开口的地方去挤，不过大部分尚在后面，要等轮到才出去。后来反应的准备，也假定是早已开始，不过在相当的顺序轮到之前，它们是不表现成显著的行为的。例如一个饥饿的人看见食物，引起了组成吃的整个的传达单元；他的手，他的牙齿，他的唾腺，以及其它器官，同时总动员了。不过各个反应，却必须等候顺序。咀嚼之前，必先动手，咀嚼之后，才能下咽。

这个理论的优点，在说明有机体怎样摒除纷扰的刺激。凡不属于正在作用的传达单元的反射，不容易刺激出来；有机体并不准备对它们起反应。所以我们在人丛中找一个朋友的时候，不容易注意到陌生人，在看小说出神的时候，不容易和校对员一样，会发现印刷上的错误。前例中的罗密欧碰到庭园里的椅子，过去而不坐下，因为"坐下"是不在他的神经系统当前的准备之中的。一个饥饿的人同一个刚餍酒肉的人，是有不同的准备的。假使一个学生准备着学习地理，华盛顿一名词，大概会使他想起美国的首都，或邦名；反之，假使他准备着学习历史，就会使他想起一位生活在一百年前的国父的。"任何学习过程，是受当前心

---

[1] Thorndike, E. L., *Educational Psychology* (*Briefer Course*), p. 53.

理上的准备的制约的。"

但是传达单元的理论,并不能进而解释反应的怎样选择。它固然说明了不在传达单元里的反应,不来纠缠;不过这仅是消极的一面。其在传达单元内的反应,仍是需要选择与组织的。有许多在准备状态中的反应,并不和有效的动作一定相关。例如桑代克实验里的猫,是在企图逃出迷笼中,乱爬乱咬,而做着许多不必要的动作的。我们仍难了解为什么一种统一的、有目的性的活动的过程,会从许多杂乱的反应里产生出来。这必须说明,而同时又不许再提出心或意识。

在桑代克,他是用"满足"与"烦恼"的理论来解决的。他先定了一条基本原则:"一个传达单元准备着动作的时候,动作则得满足;不动作则得烦恼。"所以吃饭、写字、穿衣进行的时候是满足的,反之,假使将吃的苹果从手落下来,写字的笔损坏了,领结落在地板上,都是烦恼的。在这些情形里,原始的传达单元,受到抑制,所以结果是烦恼的。

但这尚是第一步,我们已知道传达单元进行顺利时觉得满足,否则受到烦恼。而我们尚未知道组成传达单元的各种反应,怎样会排列成适宜的次序。假使所有的反应,都是同时出发而又没有一个心或意识来指导。这种过程,怎样会先抓到苹果,再去握它,再把它送到嘴里来呢?

这点,桑代克再根据满足与烦恼的原则来答复。例如他的猫,在逃出迷笼的挣扎里,有许多反应:爬呀,咬呀,叫呀,都在准备的状态中。这些反应的大部是杂乱而无效的,所以不会产生满足的结果。凡对的结果,一定引起满足;这个满足的反应与情境的联结,便被保留了。反之,那些无谓的反应,结果只是烦恼,而那些反应与情境的联结,便被汰除而消失了。所以一般地说,传达单元里的活动组成适宜的顺序,不是由于预见或目的,而是满足或烦恼作用的结果。

这种解释在未深究以前,是有相当合理性的。可是一深究,则满足与烦恼,似有两种完全不同的用法。起先说:"一个传达单元准备着动作的时候,动作则得满足,不动作则得烦恼。"这原则,无论怎样,不会使我们得到整个的说明。根据了这点,我们不得不推论到,桑代克的猫,从杂乱而无效的反应里所得到的满足,定不下于从逃出迷笼的对的反应里所得到的满足。无效的反应同别的反应一样,也是传达单元里一部分。笼里的猫,准备着咬和爬,那么传达单元是准备着动作的,如今动作了,当然应该给它一个满足了。

　　这就说不通。若非在对的动作上,得到什么奖励,这猫将永远学不到什么。它将永远以咬与爬,而获得满足。所以我们的解释要改变了。传达单元的产生满足,我们不复说只因动作,而宜说因某种样子的动作了。传达单元里对的动作是满足的,其余是烦恼的。我们现在就应该区别传达单元里的反应,哪些是对的,哪些是不对的。不过反应的自身,并没有对与不对的标记,那么我们应该在传达单元以外,找到一个对与不对的标准,是很显然了。反应的选择与组织,必须从环境里得来。桑代克自己也说过:

> 人在某种情境之中,为本性所强迫而生动作,动作只须能成就,固然已可满足了。然以本来令人满足的事物而言,大多数又须看动作所产生的效果为何。本性要人跑而跑,是满足的;不过要逃避而能特殊的跑出此地,跑到彼地,要追逐而能跑近某种动物,跑过某人,就使人格外满足。[1]

　　这传达单元怎样产生满足的第二种解释,简直等于放弃解释目的性的行为的尝试。假如只说一个准备着动作的传达单元,得到机会去动作,便产生满足,那就完全无须说到环境。一切可用身体以内的变动来解释。不过依这说法,那乱爬的猫,应该忘情于外界的了。若说满足是由达到身体以外的结果而来,那就见得桑代克一点也没有解释。笼里的猫,不会因得到机会挣扎而满足,它是要出去的。至少说猫所处的情境,总是指导着猫的挣扎,抑制着无效的反应,而用满足来奖励适宜的反应。这种指导,对有乱动较少的罗密欧更显著的了。因此我们又回到开始的难题了。环境不单引出身体上的机械作用,一定还指导着身体以求达结果。这种指导作用,便构成目的性的行为,而是我们必须说明的(参阅

---

[1] Thorndike, E. L., *Educational Psychology (Briefer Course)*, p. 52.

第十三章的说明)。

除非于传达单元以外找出这指导因素,没有说明的可能。像桑代克说,在逃避与追逐里,满足不单会是由跑而产生,而是由跑出此地,跑到彼地,跑近动物,或跑过某人而产生的。为什么跑一个方向比跑另一个方向来得满足?除非说是活动向着某种目的,这问题便没有解答。跑并不单是跑,还要跑成功某种的结果。跑与别的反应联结着,如追捕猎物,说在追到对象之前,跑也是成功而满足的,因为它是促进某活动计划的。不过把活动引导到一个目的的计划,是怎样得来的呢?关于这一点,桑代克并没有告诉我们什么。他主张反射的相续以外,还有点东西要顾到,这是对的。但是所谓"还有点东西",给行为以组织与适应的东西,却决不在传达单元之内。假使不许我们用"心"或"意识"来解释,我们不得不推论到,环境是在指导着有机体的活动。但这是怎样来的呢?却又是一个大问题了。

总结起来,行为说假定目的性的行为,可以归究为一串反射的相续,太把问题简单化了。桑代克的解释,以为复杂的活动里的反应,是很密切的互相关联,不只是时间上的相续。他的传达单元的理论,就是尝试说明这些不同的反应,怎样互相改变,互相影响。这是很大的进步;不过依然没有说明目的性的行为的性质。反应不会仅在传达单元以内,适当地组织起来;因为传达单元没有什么原则或方法以决定哪些反应是有关系的,哪些是没有关系的。我们又不好诉诸满足,因为一种活动,如跑,只在变成整个适应的活动一部分时才有满足。那几于就是说,要整套反应,组成一个达到目的的整体时,跑才是满足的。

行为的问题,不仅是简单的许多独立的反射怎样贯串起来而鱼贯前进的问题。传达单元的理论,就是有见于此的。不过完全从身体以内来解释行为,却有偏袒行为说的嫌疑了。最初桑代克告诉我们,当传达单元准备动作时,动作就有满足。这样,满足可以不必顾到外界的变化了。其次,他又以满足与烦恼的结果,说明行为怎样的改变,而我们对于这一部分的说明,则以为满足的产生,不仅由于传达单元的动作,还有别的关系,就是环境的变化。这些外界的因子,既然会供给满足,就会指导行为。不过怎样来的,还未加以说明,所以目的性行为的问题,暂时搁在这里。

滑稽的是,桑代克对于能动的有机体的看法,比行为说更是不行。从行为说的立场,有机体至少可用独立的反射来反应。而桑代克把这点变成不可能了。含有拿苹果吃苹果的简单动作的传达单元,是包括许多互相冲突的反应的。有一个去拿的反应,还有一个把苹果送到嘴里来的反应。这两种动作,方向恰是相反;假使两个反应是同时出发的,要各走各的路了。假使一个传达单元里的所有反应,是同时引起,那么除一套无用的蠕动外,很难看出有什么结果。行为没有指导,便不能成为适应的行为,而只是一种机械的运动。

桑代克的基本困难,和行为说一样,是专从神经系统方面去求解释。环境除拨动着反射的机括外,没有别的作用。这种解释,被后来同样用动物实验来证明他们的结论的心理学者们,予以严重的攻击。关于这一点的论争是很重要的;因为它指出了一条途径,用另一种方法来解释人类的行为(参阅第十三章)。

参考书

Koffka, K., *The Growth of the Mind*, pp. 90—97. (高觉敷译:《儿童心理学新论》,商务)

Thorndike, E. L., *Educational Psychology (Briefer Course)*, Chap. Ⅳ.

Weiss, A. P., *A Theoretical Basis of Human Behavior*, pp. 346—357.

第十二章
心理学的两歧

我们不难了解,目的性的行为,为什么在教育上有特殊的重要。如果目的性的行为,和机械性的行为,有一个种类上的差别。那么,这差别一定要影响到教育的理论和方法的。再从心理学的理论上说,这问题也一样重要,而且,更不幸的,它使我们陷于两歧的苦境。我们可以采择的,只有两途。一、如有勇气回到"意识",甚至"心体"的旧说,我们便可以维持行为的目的性的特征。二、如其安心不问"行为"说所含的困难,也可以排除目的,而把它化成机械的运动。可是这两途都非平坦,我们似乎一条都不愿意走。

那么,怎么办呢?本章的用意,还不在于指出安全的出路,而在于说明这种苦境,起原于二元论的传说,除非能从这传说里解放出来,心理学是找不到它的出路的。要对付目的性的行为的问题,必须从它根原上去对付,必须看出在流行的心理学上构成的这问题,是错误的心物分离的结果。

我们要记得:心与物的概念,原是人类的理智发展中渐渐产生出来的。这种发展的结果,通常称为二元论。二元论认宇宙的"实在"(reality),包括两种绝不相同的本体——心和物。这种理论的造成,需要高度的智慧,所以也经过了长时间才成功的。但既已成功之后,它就成为一切道德、宗教和社会信念的根据,而深藏在我们的理智的遗产中间。最后,它竟和我们的全部的人生观,错综联合了,使我们以为它是合理的,并且几于是当然的了。"实在"包括心和物的两体,而人是心和身的合成。这在常人看来,再明白也没有,用不着辩难的了。

这二元论是旧心理学的出发点。在很大的范围内，它一直流传了下来。可是它的困难，也已经给我们指出了。所以到了一个时间，心理学走到了两条叉路，一条是"意识说"，另一条是"行为说"。

回顾那发展的经过，便知道这是无可避免的。二元论是不稳定的。心和物既算是两种不同的本体，它们决不会彼此十分融洽的。最初，尽管说人是心和身的合体，尽管以为这样说是合理的。但一检查它的假定，心身的平衡，便常在动摇之中。不是心挤掉了身的地位，便是身篡夺了心的特权。

让我们来说明这经过。从常识的二元论出发，心理学把心假定为一种观察者，它能够知觉身外的事物的。但问题立刻起来了。例如有两个人，同是观察者，看着同一的事物；因为其中一人患着色盲，一个人看是红色的，另一个人说是灰色。假使那样东西"真的"是红色的，我们便说把它看成灰色，只是一个错觉。红色是客观的，灰色是主观的。可是这主观的灰色存在于何处呢？

这成了一个难解的问题。灰色决不存在于事物里，因为那事物是红色的。说它是在"以太"[1]的波动里吧，也不见得说得通。如果灰色存在于"以太"的波动里，那么，观察者和事物的全距离中间，便该都是灰色。可是"以太"是无色的。它只有运动，运动发生观察者心中的颜色；它自身并没有颜色。最后，唯有说，灰色存在于观察者的心中了。

这或许听来有些神秘。那么，暂时说一说梦中的颜色经验吧。在梦时，和醒时一样，我们会看见颜色的，虽然没有事物和"以太"波动接触我们的眼睛。梦中所见的颜色，不存在于任何的空间里。虽然我们在梦中看来这颜色是占有空间的，它实在不附着于什么东西。它几乎是存在于所谓"第四向度"（a fourth dimension）里；它存在于它自己的另一世界里。因此我们说，它实在不占空间，也没有物体的性质。那么，它是存在于梦者的心中了。

再回到原来所举的例。灰色固然是主观的，是存在于心中的，另外一个人所见的红色是怎样呢？我们惯于把这人所见的红色，另外看待说它是存在于事物

---

[1] 以太（ether），古希腊哲学家假设的一种弥漫物质，亦译为"以脱"，"伊太"。——编校者

里的。可是这里的困难,也就立刻发生了。红色不是和灰色一样,也是"以太"波动的效果吗?两个人看见不同的颜色,只因为他们眼睛里网膜的不同,并不是视觉的作用有什么两样。既然一个人所见的灰色,存在于他的心中,为什么另一个人所见的红色,便不存在于他的心中呢?梦的经验,在这里又可拿来参证。梦中所经验的,都存在于梦者的心中。但醒时所经验的,又何尝不是存在于人的心中呢?我们看到的一切事物,并不移动到我们的心里来。它们留在我们的心里的,是代表它们的一个图象或照片。一切经验,都不过是代表外界事物的图象;事物本身,并不在我们的心里,心里所有的,只是它的图象或符号而已。这样,我们得到了一个结论:凡我们所直接经验的,都是非物质的、心理的作用。这就是所谓"意识状态"了。

此说对于物质,很有所歧视。物与心,已经不站在同等的地位上。物已被挤出于直接经验的范围了。我们不直接看见物,只看见它的图象,而从图象推想到它的存在。举一个例子说,月亮总只有一面朝向着我们,我们永远见不到它的背面。我们是从它的一面而推想到它的另一面的存在的。同样,我们是从所见到的事物的图象而推想到事物本身的存在的。

这种结论是意外的,或许也并不是我们所信服的。还有什么可能的结论呢?假使回到原来的心物二元论,再审查那两个观察者的关于颜色的报告。说灰色的人是错误的,那样东西实在不是灰色的。但说红色的人又何尝不错误,那样东西实在也并不是红色。如果要知道那物体到底是个什么样子,我们去问物理学者,他说,那物体是没有颜色的。它是原子和电子,我们所见的颜色,不是它们的图象,正和齿痛的感觉,不是跳动的神经的图象一样。所有这类经验,可说都是副结果。实在的事物,是科学所告诉我们的事物。赫胥黎(Huxley)说的:"神经系统介于意识和客观世界的中间,像一个会用手势说话的传译者站在一个隐身的发言人和一个聋人中间似的。"[1]

这样,我们又重复得到同样的结论:我们的直接经验的内容,还是我们的意

---

[1] Huxley, T. H., *Science and Culture*, p. 216.

识状态。至于说这些意识状态是物质的副产物,值得再加引申。到底是怎样的副产物呢？我们问物理学者,物的性质是怎样得来的,他说,物质所含的是电子,电子没有颜色,也没有硬性。硬性固然是物的一种性质,但只是一种副产物而已。电子本身——照寻常的意义说——不是硬性的,它们在某种运动上,发生了硬性。每一电子在运动中,排斥其它电子于所占空间之外；这运动,我们便称为硬性了。硬性只是电子运动的结果,或者说是它的形态。

到了这点,我们可以推广它的意思,而说明所谓意识状态一类的副产物。如果硬性、红色、重量等等,都可归究为运动,为什么情绪和意志,不可归究为运动呢？若说可以的,那么,我们便采取了行为说了。照行为说,人的有一个决定,或感着一种忿怒,只不过是他的脑在做一种样子的动作。一切也都是运动的形态。在科学未发达到能够显示它们的真相的时候,我们惯于说它们是什么意识形态。现在科学已发达到这时候了,我们便该放弃这意识状态的旧观念了。

要完全放弃那旧观念,我们只须更进一步。如果照行为说那样把意识形态化成运动的形态,我们立刻发现一个绝不相同的世界。在这世界里,心被物排挤出去了。心和物既然不相容,总有一个要挤出去。你若坚持心的实在性,物就渐渐退出了经验圈；你若要把物留住于经验圈里,心又开始挥发掉了。这像是"性情不合"的一件离婚诉讼案。

二者既必采取其一,我们采取哪一说好呢？在决定以前,还须再探索一番,看一看哪一说有能够充分解释事实的希望。

先从意识说来检查。仔细一检查,便发现几点使人惊诧的含义。我们不难降心信服：物质的东西,不能直接经验,而只能从推想——从意识状态而推想——以知之。可是这一信念,立刻便要求我们连对物质的信念也放弃了。说从推想而知事物的存在,这推想可靠不可靠？物假定是和心绝不相同的,我们永远不能经验到的,那么,说着它的存在,还有什么意义呢？

说是我们虽不能直接经验,却因物是像我们心中所有的图象,所以我们还是可以有关于物的知识吧。对此说,有两个答复。一个是贝克莱的。他说："观念只像观念,不像别的什么。"这在某些事例上很是显明的。例如问患齿痛的人,他的齿痛像宇宙间什么东西。他决不会说是像一堆物质,正如他不会说-2的方根是像一点物质一样。像齿痛的东西总是痛,而痛即非物质的东西。

跟着贝克莱说,则痛也像颜色、声音等品质一样的。颜色、声音等品质,必须人能感觉,是心智的,而非物质的。它们虽没有"痛"的一品质,而它们所有的品质,也缘"痛"的样子,是心智的。拿感觉和声音来比较,痛觉是"精神实在"的一个形态,声音又是一个形态。世间没有抽象的声音,每一声音,是个别的,有它的特殊的高低、强弱、愉快不愉快。那是说,声音是我们个别感觉到的声音,正如痛觉是我们感觉到的苦痛。

如果我们承认了意识说,那么贝克莱"观念只像观念,不像别的什么"那句话,便有了重大的力量,而物质存在的信念,便很少根据了。可是我们是否必须承认意识说呢?如第六章里所述,此说有两个主要的论证,一是生理学的论证,一是相对性的论证。现在我们该把这两个论证再加检讨了。

生理学的论证是这样:物质不能被我们直接经验,因为从物质发生的刺激,必须经以太波动,感觉器官和神经通路的传导。这一切机构,介于我们和物质的中间。如所谓视觉,便是一种过程(作用),在这过程的一端是物,在另一端是我们的意识状态。物是从意识状态推想而知,而不是直接所知的。这论证看似相当地合理,而结果只是对自身的回声。它的结论,否定了它的前提。它从常识的二元论出发,说人有心也有身,关于身的知识得之于直接的经验。既经假定身体和感官,却又进而以身体和感官,说明它们的存在的不可靠。说我们直接所知的,只有意识形态,其它都是可疑的。这无异于截去了自己所坐的凳子了。意识形态,或许是有的,但这论证却决不是确证。要以这论证而使我们相信意识状态,和要我们相信"月亮是乳酪做成的"一样无稽。因为身体和感官介于我们与物之间,我们就不能直接经验到物;更进一步,我们就连身体和感官的有没有也成问题。这种推论怪不怪?桑塔亚那(Santayana)说过的:这论证等于说,因为我们以身而知物,所以我们没有身!

相对性的论证,不是这样容易批判。相对性的事实,是无可争论的。凡

"感觉品质"(sense-qualities),如颜色、声音、形状、大小等等,随着它们对感官的关系的变化而变化,也随着神经系统因以前的经验而得的倾向的变化而变化,这是谁都知道的。可是这些事实的解释,另成一问题。我们岂能因此便可断定宇宙间有所谓"绝对的"颜色、声音、形状、大小等等的超越经验的存在?一件东西的"地位"的解释,可以参照它对于别的东西的关系,难道定要说另有什么"绝对的"地位?颜色、声音,随着它们对感官的关系而不同,正如地位,随着它和别的地位的关系而有异。若使爱因斯坦(Einstein)是可信的,相对性一概念,在将来一定是十分重要的。"感觉品质"的相对性的问题,以后第十四章里还要论到。现在我们只消说,感觉的相对性,是不够证明直接经验限于意识状态的结论的。

无论生理学的论证或相对性的论证,最后没有证明了什么。

对于直接经验限于意识状态的第二个答复是:此说与科学的结论不能符合。这点是休谟的著作所阐发的。休谟原是一个有大名的怀疑论者,他详细说明如果经验限于意识状态,则我们对于任何事物,没有置信的可能。例如因果的关系,他论得很详的,就不过是观念的相联而已。闪电使我们期待着响雷,只因这两个经验,在以前总是相联的。当作两个意识状态看,除时间上的相续以外,并没有旁的相联的关系。因此,因果的关系,变成纯粹的主观,挥发而为观念的相联了。在这里,我们不能深究休谟的理论。我们提到它,因为它已成了哲学上的古典。它影响后来的哲学很深,至今没有人能够推翻它的结论。

如果我们采取直接经验限于意识状态之说,宇宙的全部结构,真的崩溃了。这可以从科学上来说。科学所给我们的宇宙的故事,说有意识的人类的出现,是在很长的进化过程中间。生物进化之前,还有千万年的宇宙进化。现在若说,时间是主观的,凡心以外的事物的演变,都是没有地位的。宇宙进化过程,只是科学者为便于整理我们的印象起见,在他的心里虚构的。那么,在人类存在以前的任何事物,我们便无从确定它们的存在。甚至"以前"、"以后"的观念,也只适用于意识内的作用,而不能用于意识以外的事物。我们不能说,某事物在心以前,因为时间自身是心的作用。同样空间的概念,也变成主观了。皮尔逊说:"任何事物,不能知觉的,便不能说存在于任何空间或时间。超于感觉印象以外的一切,是不能占着空间时间的。这么一来,科学上的因果的概念,也就于它没有意义。"[1]

因为这些困难,意识说已渐失了它的旧时的声誉。这些困难,如有一点力量,便迫得我们想:意识说的前提,有一点错误。它把一切事物装在人的脑里,再将脑藏在"心"里——这像是一套戏法。所以我们无论怎样踌躇,只好接受行为说了。

在接受它以前,为慎重计,我们也须先确定行为说对于我们的问题,是否有满意些的解答。我们已知道,行为说把一切事实化成物质的副产物或伴随物,再还元于运动。这种方法,表面上是一般自然科学所许可的。近年科学在说着一切"实在"是电子。宇宙间森罗万象,只是电子的各种组织和作用。

将意识还元于运动,这件事也要做得安全。只要我们还承认意识状态的存在,我们依然有倒退到意识说的危险。我们尽管说,我们将不再理会它们。但如果我们直接经验的,是它们而不是物,我们依然不能完全不理会。我们的出发点,必然的是直接经验的事实,所以我们很容易陷入二元论的旧辙。只有扫尽这众恶之薮的二元论,把全部心智生活化成运动,才能免除这种危险。

这种以心智还元运动的方法,在先例上看,是正当的。科学向来就是尽量地用这还元的方法的。它把颜色、声音,化成运动;说物的环境里没有颜色和声音。以前,我们还可以说,它们是主观的,它们存在于我们的心里。现在,心要废止了,我们再把它们放在什么地方呢?即使游离地当作非物质的东西,而不说是意识状态,它们还是意识状态,任何掩蔽是不中用的。惟一的出路,只有毅然取消它们的存在,说运动以外,什么都不存在。

到了这里,我们必须费一点时间想想,到底信着的是什么。说我们不看见颜色,不听见声音吧,这太趋极端,我们日常经验不能接受。说颜色声音可以还元

---

[1] Pearson, K., *The Grammar of Science*, p. 191.

于运动,凡我们经验到颜色声音的时候,便是经验到那样的运动。这可以假定是正确的。科学者是这样说的。但说它们和运动相关,并不等于说它们不存在。我们不能因夫和妻的相关,没有妻,不能有夫,便说凡夫皆是妻的化装。

行为说所注重的,是表面上不同的东西,在事实上却是绝对地相同的。它不否认目能见颜色,耳能听声音。它也并不单主张颜色声音是伴随着运动;单这样说,我们还不一定要采取它的理论。它所要说的是:颜色和运动,没有分别,实在是同一的东西。

就算这是真的,到底也不能成为自明之理。我们拿颜色和运动比较,颜色是颜色,运动是运动。只见其相异,而不见其相同,说它们是同一,又有什么意义?

从自然科学上举一例来说,也有同样的困难。化学者说水是氢和氧的化合物,在公式上便是 H_2O。但说水"是"氢和氧,有什么意义呢?水绝不同于这两种气体。它自己有自己的冰度,它会流,它会变成气,它能够止渴等等。在这些特点上,它和氢氧都不同。所以水"是" H_2O 这句话,倘使意在说在某种条件下,氢氧发生了新的性质,变成了水;或者说这些新的性质,可以转化,而水能够还元于氢和氧,我们不但了解,并且还能够证明的。我们研究水的化学作用,所能够说的,也以此为限了。若说水"是"氢和氧,那就不是科学,而是荒诞了。水是水,氢是氢,氧是氧。一物即是一物,不是它物。说水是 H_2O,或说思维是运动,没有什么意义。这样说法,和原始人中间巫祝的咒语差不多,而巫祝还较优,因为他并没有自夸他的科学的根据。

换句话来说,这"还元"的观念,生于一种误解。如果一物与它物绝不相同,而说可以还元为一,那是不可能的。如果意指一物是它物的原因,或者一物发生了新的性质,而转变为它物,那么,这种"还元"是很多的。我们依可以证明的事实的限度,只能说运动和颜色相关,运动是颜色的原因,不能说颜色"是"运动。说颜色是运动,无异于说人是他自己的祖父了。

将显明的事情,这样反复地推阐,本可不必,若不是因为自然科学的用语,常为含糊歧似的来源。颜色是运动,抑是运动的结果,物理学者在自己的地位上,不关心于这种问题;他所研究的,是运动,他说颜色也是运动,在他是合法的。为了思维上的经济,他不再管"同一"或"因果"的辨别。可是心理学者站在另外一个地位上。他所研究的问题,和物理学不同,他不能不留意于这样的辨别。他自谓能够说明人的心智的生活,他不该利用歧似,窃取论点,先就把一切心智生活还元于运动。若使他这样做,那就不是思维上的经济,而是思维上的怠惰和偏执了。

行为说的仇视意识,原不难博得我们的同情。其理由已说过几个,要增加也还有,但它的不肯辨别"同一"和"因果",却不易要求我们的宽许。它以辩论上的必要,轻轻地从因果溜到同一;又误以凡是它的批评者,一定是意识说的信徒,遂不能了解批评者的疑难的所在。他预料稍一让步,便容易走回意识说的老家,而意识说是它所必须排斥的。

关于行为说的困难,在这里可以再举一点。它的趋向,是把所经验的品质,都化为运动。这不仅颜色、声音,就是硬性、重量等也可以化为运动。一切事物,化成运动;而人的身体——和环境里的东西一样——也包括在"事物"之内的。贯彻这种推论,到它的极限,我们可以说,一切"实在",皆是运动。这有什么意义,很是难说。运动中的事物,是经验之所习知,但说事物本身是运动,那就有些神秘。在常识上看,这是只有运动,而没有运动的事物。我们不禁想起《阿丽思漫游奇境记》[1]里的怪猫的故事来。那只怪猫某次隐了它的形,先是尾巴不见了,慢慢地全身都不见了,只剩留着它的露齿的狞笑。阿丽思说:"不狞笑的猫,我是常见的。现在这只有狞笑而没有猫,却是我一生所见的最怪的怪事。"

倘使上述的困难,看起来过于学究化、理论化了,那么,还有一个比较实际的困难。就是用制约反射,要说明目的性的行为的困难。这是以前详论过的,这里无须复述。我们只消说,我们没有法子,使一串反射,综合而成人类的目的性的行为。桑代克以"传达单元"(conduction units)来尝试解释,而结果,我们还只有溯之于有机体以外的一种指导,含有以目的控制行为的指导。此外,华生又以语言来尝试解释思维,结果也还是没有解释。语言在思维里无疑地占重要的地位,

---

[1] 今译为《爱丽丝漫游仙境》。——编校者

但是一个个的字，怎样会配合恰当，而成"推论"，也和制约反射，怎样错综联络，而成智慧的行为，是一样的难题。例如我们会说："甲在乙之北，乙在丙之北"，怎样会推论到"甲在丙之北"的呢？字的本身，没有这种魔术。其间必须有一种"构造"（construction）作用，或者是意象，或者是别的什么，会把甲、乙、丙放在适当的空间关系上，而以目的的指导，才成功这"构造"。就是日常谈话，也是一样的问题。我们想说什么话，字和句便自联串起来了。目的到底怎样有作用，或者到底什么是目的，我们也许茫然，但以制约反射说明目的，只是取消目的，这一点，我们已可确信了。

行为说在它向意识说的进攻上，以及它所加于心理学的内省法的限制上，当然有卓著的功劳。但它没有能够证明行为可以解释一切的论点，甚至没有能够把这论点说得明白。在历史上说，它是对于意识说的一个反动。意识说既是一个残余的信条，行为说当然为我们所乐于拥护；无奈行为说自身又有重重的困难，逼得我们又走回意识说的旧路。真理的探求者，这样从东边被赶到西边，东奔西窜，还是没有出路。倘使他以为两俱不能接受，只有开始从新探究。或许一切困难，皆由二元论而起，非俟心与物的概念重行整理之，从这两难中再也找不到坦途。

总结一句话，心理学陷于今日的两难，由于传统的心或物，或心与物的概念，不能作为心理研究的基础。除行为说者以外，多数心理学者，宁愿避开这根本问题，而致力于特殊问题的探究。但是，目的性的行为，现在也有了新解释的途径了。这种新的看法，在理论和实际上，都有很大的重要。以下数章，就接着说明。

参考书

Fullerton, G. S., *A System of Metaphysics*, Chap. XXII.

Paulsen, F., *Introduction to Philosophy*, pp. 60—86.

Russell, B., *The Problems of Philosophy*, Chapters I, II, III.

第十三章
再论目的性的行为

直到现在，用机械主义以解释目的性的行为的尝试，没有成功。即使人的身体配备了一切想象得到的反射机构，而这些反射，究竟如何适当地联络，以应付情境的需要，还是问题。某些反射，用不着的，怎样抑止；某些反射，用得着的，怎样发生，而又有正当的程度，正当的次序？在前举的《罗密欧和朱丽叶》的例中，罗密欧去找他的恋人，必不应该去攀树和泅水，可是不经抑止，这些反射也许会发生的。他轻轻地敲着窗，或者做着其它信号的时候，响声要高得朱丽叶能够听到，又不好高到使满屋的人都听到。这响声要怎样高，他应该怎样达到那屋子，遇着阻碍应该怎样的变更他的步骤：这一切，都要有个说明。单靠反射，不能担当这些任务。

桑代克为解决这困难，提出了所谓"传达单元"。生物有一种行为的预先"准备"（set），以抑止不适当的反应，而使行为走上正轨。可是传达单元说也还是不充分。只有身体所准备着的反射的发放，还是不够，罗密欧不会把敲窗的信号，和走进屋子的种种反射，在他的路上便发放了出来。而且遇有未经预料的情境或阻碍发生，他要能够增加反射的范围；而新的反射，又必须和原来的目的相适应。这样说来，除非假定环境自身，指导或约束着有机体，使它在变化的情境之中，行为受着目的的支配，更没其它解释了。佯说我们可以有机械的解释——这解释至今不能适合问题的条件——有什么用处？

于此，我们联带说到桑代克在动物学习的实验中，以为任何"领悟"（insight）

或"理解"(comprehension)的假定,没有必要。正当的反应,最初也是偶然的;在尝试错误之中,经过多次的反复,错误的反应,汰除了;结果是反应和刺激,构成密切的联结,这样密切,使这行为和固有的反射也相似了。所以在这里,像在任何反射里一样,没有假定一种关系的理解的必要。

到了人类的行为,情形便不同了。人类能够"从整个情境中分析出它的分子,而对于这些分子作个别适当的反应。低等动物,则始终被陷在整个情境里"。人类所有的观念,也就从那分析作用中产生出来。拉一根绳,拨一个机括,便是所谓情境中的分子的例。低等动物,虽也能够对这些个别分子反应,然而不会分析。因此,学习的结果,也较少转移应用于新情境的可能。"动物,不像有思维的人类,不能够将反应和情境中的主要分子,完全构成联结。"[1]

> "能够将反应和情境中的主要分子,完全构成联结",似乎就是人类智慧,超越低等动物的一特质。它成为所谓"领悟"或"理解",而使人类可以避免动物学习中的尝试的乱动,而获得所求的结果。至于对"抽象品质"的反应的习惯,更使"人类能够控制自然,控制自己。这是教育所要养成的最重要的习惯——是人类学习中的精华"。[2]

人类学习和动物学习的分别,这样说,就在于人类有"领悟"或"理解",而动物没有。动物因为不能够将反应和"主要分子"联结起来,所以不会理解。它们的反应,是机械的,像忽发的大声必然引起霎眼一样的。它们不能应付抽象品质,如红色、三、或三角形之类;而人类能够分析出主要分子或品质,如三角形,而将某种反应,和它密切相联结。它们不但不能应付抽象品质,连一个情境中的物质的部分,如该拉的绳,该拨的机括,也不能够分析,而有适当的个别的反应。这种能力的缺乏,使它们永远不理解自己所做的是什么。它们对于一整个情境的

---

[1] Thorndike, E. L., *Educational Psychology (Briefer Course)*, p. 134. (陆志韦译:《教育心理学概论》,商务,第 161 页。)
[2] Thorndike, E. L., *Education*, p. 100.

反应,是盲目的乱动,和一个不会泅水的人忽然落在水里的乱动差不多。经过长时间的反复尝试,错误的反应,是汰除了,但行为的性质,还是那个样子。

这个理论,给人类学习和动物学习,一个看似很确定的分别了。但仔细一查,这分别又并不是怎样清楚。动物也许不能够分析整个情境中的"主要分子",可是显明的事实是:

> 情境中每有一个特别有力的分子,决定着它的反应。……所以猫已经学会了板栓子而逃出来了,以后便不管箱子的方向,是南,是北,是东,是西,也不管箱子的漆色,比以前黑了 1/10,或形状比以前大了 1/5,它照样能够拨动了那机关而逃出来。[1]

依这样说下去,原来的理论,似乎必须修改了。人类学习和动物学习,只成了程度上的不同,而没有种类上的差别了。在某种程度内,动物和人类一样,也能够化整个情境为若干分子。

> 假使一只猫已经有十几次学习从箱子里逃出来,其方法,非拉一个环,即拔一根棒,撤一块板,现在再把它关在一个箱子里,它会像我们所说的"格外注意"于箱子四周的零件。这样,反应也不完全对整个情境,而能够对着其中一个或几个主要的分子了。……所以即在低等动物,一个情境的整体,也多少可以分析为若干分子,……而某一局部,某一分子,能够特别有力地决定它的反应,并且能够使这反应,不问其它相伴的分子,而专与这一分子构成联结。[2]

为了维持科学的客观性,桑代克的这样的承认,表示一个可以敬佩的态度,可是他

---

[1] Thorndike, E. L., *Educational Psychology* (*Briefer Course*), p. 134. (陆志韦译:《教育心理学概论》,商务,第161页。)
[2] Ibid.

第十三章　再论目的性的行为

的全图的轮廓，却已走了样了。如果猫能够这样地反应，何以解于人类与动物学习的分别？人类的分析能力，当然比猫要高得多，但也只是程度上的差别。面对着这样事实的证据，我们只有承认猫也有些领悟，否则只有一并否认人的领悟了。

若使这种推论不算错，我们又临着了一个两难之境。承认猫有领悟，是尴尬的。因为一承认，我们便有说明什么叫做领悟的义务。我们既不愿走意识说的老路，我们就没有自由可以说出一种包含领悟的什么意识状态来。桑代克的理论，在起先所以是重要，就因为他能够避免像领悟之类的危险的观念。他能够以生理的习惯来解释一切。可是不承认猫的领悟，而逼得我们连人的领悟也不能承认，这情形也同样尴尬。我们的确有领悟的经验，否则我们也不会说出它来。或许这经验不过是误信，但它的存在却毫无可疑。那么，怎样办呢？意识不许说，我们只有把领悟还元于运动，跟着行为说跑了。

桑代克为什么不贯彻这个难题，是因为他的实验的原委是这样。最初，他只关心于猫的智慧与人的智慧的比较。当他发现猫不能够解答所遇的问题，他作的结论，便是猫是没有人类意义上所谓智慧的。他认为猫的学习，是一个机械的过程；或者借考夫卡(Koffka)的用语说，猫没有"参加"(participate)它的学习。但是桑代克从这里又进而证明人类学习与猫的学习，根本上是相同；那等于说人类学习，也是没有智慧的，也是一样机械的。读者当然要惊诧这到底是什么一回事。起初拿人类的行为判了猫的罪，以后又拿猫的行为判了人的罪。弄得像是双方罗织了。

无怪大家对于桑代克的学习理论所根据的事实，要开始新的检查。在过去数年间，他的动物学习的实验，经过了许多著作者的批判。他们指出桑代克实验的原意，在于决定一般人对于动物——尤其是家畜的动物——的智慧的通俗信念，有多少的正确。豢养着宠爱的猫和狗的人们，常看得他们的猫和狗，有很高的智慧，桑代克因此布置一种实验，以测验它们不能了解因果的相关。在猫的实验里，他就把猫关闭在箱子里，使它们只有拨动某项的机括，才能够逃出来。他的目的，在于决定猫在学习拨动机括中，能不能看出因果的关系。

最要注意的是，桑代克的器械，没有创制得这样简单，使猫有可能的了解；反而构造得这样复杂，连人也骤然看了要发呆。猫在箱子里要逃出来，只有做着某种的动作；这种动作，它绝不会预先了解，而只有从偶然的乱动中发现。那是说，它只有从尝试错误中去发现。桑代克所要知道的，是在这种乱动中，对的动作的发现，要经过多少时间。如果猫真像通俗所说的有一点智慧，应该能够看出因果的关系，而下次便不必乱动就可以做出这对的动作来。例如它是以拉了一根绳而逃出来的，那么，两三次成功以后，再被关在箱子里，它应该就能够立刻去拉那根绳。

实验的结果，却不是这样。乱动的减少，经过缓慢的期间，正当的反应，只有在很多次数尝试之后，才能和情境坚牢地相联结。所以结论是：动物从来没有因果关系的了解，而正当的反应，只是一种机械的联结。

从鲁格（Ruger）所做的人的学习实验来看，上述结论，并不完全可信。鲁格用的是"机械谜"的解答，如连还圈的拆开之类。他发现学习的成功，也靠着尝试与错误，这和猫是一样。而且，一次的成功，也并不能使被试验者下次不须乱动就可以做出正当的动作来。人和猫的主要分别，在于人更能懂得解答困难的范围；他更能懂得什么样的动作不必做。反复实验之后，学习时间逐渐缩短，则和猫也是一样。

学习曲线的逐渐低降，这样，有两个可能的推测。一是：在因果关系了解的意义上，猫从来没有得到什么学习。河不会"学习"流在一条不同的水道上，猫也不见得会"学习"做一种不同的动作。实验的效果，仅使猫的神经系统里，构成不同的联结，如此而已。二是：猫也能够看出因果的关系，和人是一样，但这因果关系，最初是含糊的，要渐渐地才变成明晰。依这推测，猫的学习，和人的学习用钥匙开锁差不多——他应该以正当的方法使用钥匙，却也同时用些气力去推动门户。这种学习是缓慢的，没有必然的立刻成功的。桑代克的实验，明显地指出，猫没有充分的智慧，以得到用力的经济；但没有证明猫没有智慧；如有智慧，他的实验，更没有指明猫的智慧的多少。

桑代克的实验，为什么不够证明他的对动物智慧的贬视，还有别的理由。有些时候，情境只要简单得使动物能够了解，时间曲线就有骤然的低降。这竟像动物能够了解因果的关系了。而桑代克对这事实的解释，也难令人满意。他说：

第十三章 再论目的性的行为

"由冲动而来的动作若很简单,很明白,而很确定,则单次的经验,自然可使联结完全成功。我们虽可于时间曲线上有骤然的低落,却不必假定动物也能够推理。"这就怪了:以"明白"解释学习的容易成功,同时又说没有假定领悟的必要。考夫卡所以批评道:

> 他的主张,不无可议之处。因为这个解答是否"简单"、"明白"而"确定"的话,只是就实验者而言,可不是就动物说。据桑代克自己的前提,动物并没有参加自己的学习,且于问题业已解答之后,也莫明所以。所以若说动物"明白"这种解答,那便不成话了。[1]

桑代克实验的功劳,在于反击以往以"智慧"笼统地解释动物或人类学习的懒惰。须知"智慧"或"领悟",正是问题,而不是解释。现在,除桑代克所叙述的那种学习以外,有没有别种的学习呢?如有,它的解释是什么呢?以下的任务,先要考查这种学习的证据,然后尝试它的解释。

苛勒(Koehler)所做的猩猩的实验,在这里是重要的了。他的实验,和桑代克的不同,他使情境更接近于"动物的程度"。猴子所要解释的问题,包含着一点困难,那是当然的,但这困难,不像桑代克的猫所遇着的困难是只可以用偶然的动作去克服。苛勒选择的问题,是猴子至少有机会能够想出它的解答的。那是说,这种困难,是比较地简单的,却是必须若干手段和目的的适应的——如搬箱子来站在上面而取得高处的果子之类。

> 实验者布置一种情境,使其目的不能直接达到,而可用一种间接的方法。动物放在如此布置的情境之内,而又使它对于情境完全能够了解。于是我们从它的行为上,观察它能否以间接的方法,解答它的问题。[2]

---

[1] Koffka, K., *The Growth of Mind*, p. 182. (高觉敷译:《儿童心理学新论》,商务,第152页。)
[2] Ibid., p. 199. (高觉敷译:《儿童心理学新论》,商务,第166页。)

苛勒的各个实验,这里只须略提几个。一个实验里,水果放在猩猩笼外达不到的地方,但有绳子系在上头,而绳子在笼内可以达到。另一个实验里,没有绳子,但笼内安着一根手杖,用手杖也可以取得水果。稍为变化一点,没有手杖,而有一根枯树枝,树枝折断了,可以当作手杖用。再变化一点,两根竹竿,可以接起来,使它够长而达得到水果。另一个实验,水果高高地挂在笼顶上,要站在箱子上才能够达到。变化一点,箱子里装满石块,太重了,非先将石块搬空,则箱子搬不动。在另一个实验里,则绳子要当作秋千似的用,挂在离地二米突的顶上,猩猩攀着绳子荡过去,才能拿到它的果子。再后,绳子放在地上,要它自己放在一个铜圈里,才能荡。

猩猩在这些情境中挣扎,所犯的错误当然是很多。有些错误,苛勒称为"聪明"的,有些是"愚笨"的。例如一次猩猩搬着箱子,靠在墙边,可是靠得不够近,依然取不到它的目的物;这是聪明的错误,因为虽然它忽视了一个重要因素,而问题它却是了解的。又如猩猩不把两根竹竿接起来,却把它们相连的放在地上,它推动一根竹竿,另一根竹竿是达得到水果的,可是无法把水果拿到笼里来;这也算是聪明的错误了。愚笨的错误,则像桑代克的猫所犯的。那猫已经学会了拉绳而逃出来,等到桑代克把绳安放在箱子的另一部分,猫还是到老地方去做拉绳的动作。

猩猩解答问题的方法,有时是很出人意外的。一次,两根竹竿粗细差不多,不像可以把细的一头,插在粗的一头而接得上,猩猩就用牙齿去咬那竹竿,要想化粗为细。不料,它把竹竿咬下一大片;它却随机应变就把那一大片插上去,也够得到取果之用了。又有一次,猩猩拉了看守人的手,把他拉到水果的底下,爬上他的肩膀,去攫取果子。可是在猩猩爬上他的肩头,正要取果的紧急的时候,这看守人忽然跪了下来,水果依然取不到。猩猩很觉得懊恼不平。"他后来用双手拉了那个人,央求他,推他——它竟懂得改进人类工具的方法",苛勒说。

除了一个例外,苛勒的实验,猩猩都做得成功的。当然它们的智慧的程度,也各个不同。它们大家不会做的,就是要把地上的绳子,挂在笼顶的铜圈里,做成一个秋千索。在这些实验里,没有时间曲线的逐渐的低落。大概只要学得成功,便立刻成功了,用不着乱动和摸索。以曲线表示起来,只有直截的下落,没有逐渐的倾斜。

有一点是有趣味的。在那箱子装满石块的实验里,猩猩显出领悟的限制。它不先把石块完全搬掉,而只搬掉若干,使箱子搬得动便算了。不知让余留在箱子里的石头不动,则搬起箱子来要费很大的气力,而这气力,只须早将石头搬完,是可以节省的。它在箱子重得没法搬动的时候,能够看出石头的障碍,可是一到箱子可以搬动,它就把这障碍忽视了。

现在,我们来尝试这种学习的解释。猩猩的行为,是普通所谓目的性的行为。在某些意义上,它们"准备"着某种结果,如水果的取得。这从它们的反应随着情境的变动而变动上看得出来。再则它们的学习,不是联结的逐渐构成的过程。问题的解答一经发现,下回便无须胡乱摸索了。这"领悟"或"理解"的特异的因素,怎样解释呢?

为了以前讨论过的理由,我们不能把"领悟"化成意识状态,而又不能把它限制于神经联结的变化。行为必须于神经系统变化以外去求解释。而又不能以意识为解释,然则可能的解释,只有从环境上去探求了。那便是说,环境不知怎样指导和约束着有机体的活动了。

这话当然看似神秘。环境除供给刺激,像物理学所叙述的而外,还有什么作用呢?要发现环境的另一作用,我们须注意到问题解答中暗示的得来。例如猩猩忽然"觉悟"一根手杖能够用来取得果子。有些著作者,以为这种"觉悟",只在表示手杖自身经过了一度的变化。考夫卡说:

> 要使行为不错,知觉的对象须经过一度的改造。原来"无关重要"的物件,或只是"可以口咬"的物件等,现在已变为"可以拉取水果"的物件了。[1]

---

[1] Koffka, K., *The Growth of Mind*, p. 209.(高觉敷译:《儿童心理学新论》,商务,第175页。)

这种变化，在经验里是很普通的。我们初到一个陌生的城市，看来和我们在那里住熟了以后是不同的。谜画给我们知道其中可以看出什么来以后，经过惊奇的转变；错觉给我们看确以后，也就改换它的形相。现代心理学的全趋势，是采取刺激反应共变的观点。知觉的对象的变化，所以是普通的。

有人要提出异议，说这又是回复意识的玩艺了。客观的事物，如手杖，并没有变化，如有变化，还是"心理"的变化。我们暂且不要这样确定了变化的意义。我们暂且不要有什么约定，而还是跟命题一直前进。知觉的事物，确经过变化，那无须怀疑。至于这变化，是神经系统里，还是心理的变化，这危险的问题，暂且不答复。

我们的出发点是：环境在被知觉中，伴属着身体的反应而变化。在常态的经验里，身体的反应，包含一个"反应的合体"（complex of responses），在这体系中，有些反应是显明的，有些是不显明的。这合体构成一个临时的单位。各个分子——反射与习惯——彼此互相变化，而得到适应性的行为的结果。因此，这些分子，和它们单独出现的时候已不同，也和出现于别的"反应的合体"上是不同了。每一反应分子，受着别的同时进行的反应分子的变化，好像垒球的行程，受着空气流动、尘埃、湿度、雨雾的变化一样。

环境的变化，和反应的这种变化，恰相平行。例如声音，就受着别的同时发生的声音的变化。

> 各个音调属于一组响乐而为它的一分子以后，变化了它们的品质。单个音调本来很响的，现在放在合体里便不这么响。虽然物质的状况还是相同，而各个音调的强弱是变了。现象的整体，与它的各分子的总和比起来，要多，也有异。因为这些分子，已不是分离的单体，而是整体的部分；成了整体的部分，它们失却——也失却不少——原来的个性了。[1]

---

[1] Ogden, R. M., *Psychology and Education*, p. 150.

第十三章 再论目的性的行为

说同时被经验的事物,互相变化,这并没有什么新奇。例如音乐,我们在吃饭时从容地听,或患着头痛时听,或睡眠时听,各有很大的分别。背景造成绝大的分别。虽不新奇,而这事实在这里有特殊的重要,因为它暗示事物怎样获得新的意义。在苛勒的实验中,猩猩已用惯了手杖,用来玩,用来咬。这手杖在玩和咬的反应中,各有它的不同的形相。到了实验里,另一组的反应在开始了。果子的看到,发放出猩猩的跳跃、抓取等等的反应。在这情境中,手杖出现于一个新的背景了。玩和咬的反应,因为它这时在激动紧张的状态中,是被抑止着的。它对手杖的反应,只有两种。一是不理会它,而专注意于攫取果子。二是手杖给新情境改变了,突然变成"可以拉取水果"的物件。如出于后者,则手杖和手杖所加入的情境,都改造了。猩猩的反应,"准备"着取得水果,而手杖一变而把这些反应,组织成适应性的行为。手杖变成了一个工具,而情境的整体,也失却了它的"谜"似的性质。情境和它的部分——包括手杖——经过一种变化,有些像化学的原子构成一种化合物的变化一样。我们说,手杖获得了新的意义了。

这种解释,是近年一派心理学称为"格式塔说"(Gestalt-Theorie)——一个可怖的名称——所主张的。"格式塔"这名词,累赘地翻译出来,便是"完形"(configuration)。在前举的例中,手杖在玩和咬的反应中,属于一个完形,等到用来取得水果,却改属于另一个完形了。这完形,是身体反应的"准备"的知觉方面的副本。照考夫卡说:

> 假使有一种经验的现象,其每一成分都带有其它成分,而且每一成分之所以有其特性,就因为其它部分及其和它部分的关系,这种现象便称为完形。[1]

这理论的最有趣而最重要的特点,在于它不用意识,也不用机械,而解释了目的性的行为。它使事物现出与身体反应点点互相对照的变化。我们所谓"领悟"或

---

[1] Koffka, K., *The Growth of Mind*, p. 146. (高觉敷译:《儿童心理学新论》,商务,第122页。)

"理解",便是事物的改变或改造,这改造同时是反应参照着适应性的行为的改组。这种改造,具有化学作用似的创造性。下面便是一例:

> 基加(Chica,猩猩名)尽她所有的力量,以求得到那个悬在屋顶底下的目的物。她虽曾在类似的实验中,应用过箱子;可是此时竟不采用那放在房子中间的箱子。我们不能说她没有看见箱子,因为她要休息的时候,屡蹲踞于箱子上头;然而她却不愿费力去将箱子移至目的物之下。此时,特塞拉(Tercera,另一猩猩名)正躺在箱子上。后来,特塞拉偶然跑开去,基加立即拿着箱子,放在目的物之下,登上去而取得了食物。由这种行为看来,可以揣知特塞拉所躺着的箱子,不是一种"用以取得目的物的工具",而是"可供躺卧的物件"。所以箱子若自有其确定的完形,而似若不宜于它种情境中的工具,它便不能和目的发生关系。要使一个物体,脱离了一个完形,而改造为另一完形,似乎是比较高级的成就。其实这种困难,不限于黑猩猩,即在我们人类的思维中也占重要的地位。譬如你正需要一个浅碟子,你许不至于能利用茶壶盖;除非这个茶壶盖刚在你面前的桌子上,而已和茶壶脱离关系,那或者可使你立刻利用它作碟子的。[1]

这种学习的解释,它的方法或注重点和桑代克的不同。从这观点上看,学习的特质,是改造、综合,而不只是分析的过程。它的注重点,所以在于"构造"能力的培养,而不在于习惯的训练。桑代克的学习定律——用与失用律和效果律——是习惯训练的定律,不是别的。如果我们要给"领悟"在学习过程中一个地位,这些定律是次要的。学习过程的核心,不是习惯,是智慧。

这一观点,对于教育的理论和方法,是充满着重要。不过,到现在,还只是研究的开始而已。它包含着刺激和反应的一个新理论,而没有详细说明出来。要

---

[1] Koffka, K., *The Growth of Mind*, p. 215.(高觉敷译:《儿童心理学新论》,商务,第179页。)

了解各个互相牴触的反应,怎样不停滞于互相牵制的状态,而发生出有秩序的适应性行为出来,我们必须更深地知道刺激与反应的关系。目的性的行为的样子,没有说明,我们不能算是已走出了迷路。

参考书

Bode, B. H., *Modern Educational Theories*, Chap. Ⅷ.（孟宪承译:《现代教育学说》,第八章,商务）

Koehler, W., *The Mentality of the Apes*.

Koffka, K., *The Growth of Mind*, pp. 153—205.（高觉敷译:《儿童心理学新论》,商务）

Ogden, R. M., *Psychology and Education*.

Thorndike, E. L., *Education*, Chap. Ⅵ.

第十四章
刺激与反应的关系

上章说到目的性的行为的解释,需要刺激与反应的流行概念的修正。我们以前全部的讨论,可说是集中于目的性的行为的问题。这种行为,可以用"心"或"意识"的作用为解释,也可以用"行为"为解释而把它解释掉。从刺激反应的关系的观点上来看这两歧的解释,我们很可相信,它们对于这关系的误解,是一切毛病的根源。

为简单计,本章所讨论的刺激反应,以知觉的经验为限。照心体说或意识说,知觉起于感官的被刺激,这刺激传达于大脑皮层,而知觉遂发生。这知觉是意识经验的起点,也与刺激并为一事。神经系统的刺激,从大脑皮层进行到控制肌肉的神经。从大脑皮层得了感觉经验以后的一切,便称为反应了。

照此说,神经刺激的过路,有三部分。一是内传神经(afferent nerves),二是中枢(central area),三是外传神经(efferent nerves)。这各部分依次受着刺激,而发生意识的行为;合拢起来,它们构成所谓"反射弧"(reflex arc)。

这种说明是相当的简单的,也似乎合理的。但它的困难,我们前已说过。大脑皮层上所引起的知觉,和它所代表的对象是分离的。这就陷入了二元论的迷障,而使我们立刻要设法把心和物联系起来;可是这种联系是不坚牢的,常常还是要分裂的。心与物没有法子合拢来。

行为说的长处,在看透这种心物妥协的无望,而换一个刺激反应关系的解释。这解释是更简单了。感官受着"以太"波或音波或者什么的激动,这是刺激。

以后身体因这激动而发生的一切作用,便是反应。

这种解释,避开了二元论的危险,而向着彻底的机械主义的归宿。在这计划里,刺激仅仅拨动机括,便什么都成了。在常识上,我们总假定行为是受着所见所听的引导。见了熊,我们便奔逃;听了雷声,我们便叫孩子们回到屋里。而照机械主义说,却非如此。视觉的刺激,只是"以太"的波动,而不是感觉的品质。这种波动,我们并不看见,正如音的波动,我们并不听到是一样。当作感觉的品质的所见所听的事物,只是一种副产物,只是"以太"或音波振动的结果。照这样说,人类的行为,是绝对的机械的,和自然界里的土崩云散是机械的一样。

意识说和行为说,都找不出这问题的出路。可是如果我们有理由相信这二说都误解了刺激-反应的关系,看法就完全不同了。而这种理由是有的。这先锋的工作,是杜威(Dewey)做的。杜威在30余年以前,写了一篇关于传统的刺激-反应的观念的批判。[1]他的意思是:这种传统的观念,把事实过于简单化了,所以引起了全盘的误解。在那个时候的心理学上,心体说的寿命已经告终,而行为说的运动尚未开始,所以他的批判,是准对着意识说的。我们刚说过,此说以为感官的刺激,先传达于大脑皮层,由此引起一个感觉经验,然后继续传达到外传神经,而发生反应出来。杜威则反对此说,以为视听等感觉经验的发生,乃由于已有一种反应先在进行着;有这进行着的反应,而后才有视听。反应不是感觉经验的结果,而是它的先决条件。

> 在听觉中,有一组确定的运动机构,正如在后来的奔跑中,有着运动机构是一样的。要感受声音,头部的运动和姿势,耳部肌肉的紧张,是必需的。我们说奔跑是对声音的反应;我们一样可以说声音的感觉,起于运动反应。[2]

---

[1] Dewey, J., *The Reflex Arc Concept*, 见 *Psychological Review*, Vol. Ⅲ, p. 357.
[2] Ibid., p. 362.

杜威的论旨是：由感官所得的知觉，不是被动的，而含着有机体方面的主动。视、听、嗅都是动作。而且这动作决定我们以后经验的是什么。不了解足球规则的人，看了足球比赛，也看不到什么；他没有"准备"着专家一看即得的事。"准备"是桑代克所用的名词，依他说，有机体的先有的"准备"，决定了知觉的品质。例如我们要到车站上去找朋友，我们便会从人丛中注意到他；我们饿了，我们便注意到餐馆和食物的气味；我们怕别人轻视，我们便注意到别人的轻视的面部表情。谜画中的人脸，不发觉以前很难看见，发觉以后，也很难看不见。错觉的发生，也由于我们"准备"着要看所没有的形象。这些例子是极寻常的，而都合于杜威的论旨；即意识经验的起点，和它的终点一样，是一个反应。

说先有的"准备"决定后来的知觉，等于说，有机体在知觉到来以前，已经在活动着。例如倘使一个人是饿了，他的某种感觉便很灵敏，他便能很快地反应于任何与食有关的事物。有机体不是被动地等待刺激的到来，而是主动地在找寻刺激。凡平常所不注意到的东西、气味，在饥饿时，便很易引起反应；微弱的气味，会变成烹饪的想象；低小的声音，会变成会食铃声的想象。同样，小孩因为喜欢热狂的经验，会把日常的事物，当作造成动乱的机会，其想象的奇妙，在成人看了几于像着魔。总之，特殊的"准备"，造成高度的敏感，或者说，低度的感性限阈。反之，饱食了或疲乏了的人，即使遇着食物或激动的情境，也会毫不在意，这就是高度的感性限阈。这时个体不复寻求可以化为自己活动所需的事物的刺激了。

我们对于身体伤害的反应，也是同样的例。在常时，我们对伤害感觉得灵敏，因为有机体准备着自卫的活动。但在战争的紧张中，受了致命的伤害的人，还会毫不觉得；在这情形下，对伤害的感性限阈便很高了。如果我们将刺激和知觉的对象，认为一物，我们不能说刺激引起反应，因为反应已在进行着了。比较正确的一点还是说，刺激是反应更充分的表现的机会。

行为起于有机体的自身，而不以刺激反应的形式，起于环境。我们

第十四章　刺激与反应的关系

应该认行为是有机体欲求的表现,这种欲求,起于有机体,而在适合的刺激上寻求满足的机会。[1]

从心理学和教育学的立场上看,这<u>有机体有自发活动</u>(living organism as spontaneously active)的概念,为了解行为的基本概念。下引詹宁斯(Jennings)所说关于低等动物生活的话,也适用于任何动物生活：

活动不需要外部的刺激。了解行为的第一要点,是没有当前的特殊的外部刺激,有机体也有活动。纤毛虫称为 Paramecium 的一类的常态,是活动的。它的翼是很快地振动着的；只有在特殊情境下,能够有部分的静止。Vorticella 的一类,是常在活动中,永没有静止的。其它纤毛虫,多数是这样；在较不显著的程度上,许多生物是这样。即使外部的动作是有时停止了,而内部的活动还是继续的。生物的个体是活动；如以外部刺激论,它的活动是自发的。自发的活动,当然最后要靠外部的情境,但这也不过说个体的生存,要靠外部的情境而已。……从过剩的动作中选择的反应,大部分因为动作本身不是直接发生于刺激。动作是生物的内部的力的表现。力是从内部来,而只是给刺激发放一下。我们须要记得,如果要了解行为,这力——和动作的倾向——是内发的,给刺激发放出来的时候,也不是詹姆士所谓枪上的弹机作用。[2]

视觉的依于身体反应,斯特拉顿(Stratton)做过一个有趣味的实验。这实验是关于眼肌肉反应与事物的部位的关系的。

他将一眼蒙蔽了,另一眼上戴一套镜子,这使所看的事物,上下左右都颠倒了。这些镜子,使他平素的眼肌肉的联络,完全不能应用。那

---

[1] Thurstone, L. L. 说,见 *Psychological Review*, Vol. XXX, p. 368.
[2] Jennings, H. S., *Behavior of the Lower Organisms*, pp. 284, 303.

就是,在实验初开始的时候,眼的机械的、不思索的运动,不能发生平素所有效果。二三日之后,渐渐有些时间,他不感觉什么困难;事物看去很自然,不发生上下左右的问题了。但一有错误(新习惯不发生作用的时候),事物看起来又颠倒了。八日之后,眼肌肉的新习惯,确立成功,事物看去很自然,像实验开始之前一样。[1]

我们只须回忆初在镜前剃面或打领结的困难,便可了解这实验中所需的新的适应。现在,我们再引申意识经验起于反应的一概念。最重要的,我们于此得到了解释知觉的新关键。假定第十二章里所说的,视觉是不能还元于运动的。所见的品质,只是所见的品质,不是别的。这品质——颜色、光亮、空间部位等等——是与有机体的反应相关的;一项变了,它项也随着变的。为什么是这样,我们不知道。感觉品质与身体运动的相关,可以看成极深的神秘;但这也由这相关的发现,来得突然而使人震骇罢了。不思索的人,原将视觉当作当然;习熟的,于他就是当然的了。我们在发现这种相关之中,同时又发现我们关于这事实的知识的可怜的贫乏。其实,有许多别的事情,一经思索,也会觉得神秘而感到震骇的。例如,摩擦为什么会生热,鸡蛋为什么在孵化器里会化出小鸡来。在这种因果的链索中,我们时或能够增加一个环;却依然有一系列的相续的变化,我们无法知道它们的为什么和怎么样。某些事实,就是那样的联系的,那就完了。感觉品质与身体反应,是绝不相同的,而竟会这样联系在一起,我们所能说的,似乎就止于此了。

虽然我们的了解有限,而观点的变更,使得所观察的事实有重要的变更。如果始终以为刺激是传达到大脑皮层,而在反应发生以前,引起了感觉经验,那就很难避免经验和事物分离,而是事物的图象的推理。如果我们从反应出发,则这样推论,也就较难维持了。我们现在的解释:是感觉的所得,和环境里的事物,数量上是相同的。在视觉里,我们并不是造成心中的图象;视觉只是环境变化

---

[1] Rosenow, Behavior and Conscious Behavior, 见 *Psychological Review*, Vol. XXX, p. 199.

与身体变化的一个相关。所见的事物,是实际环境的一个部分,用反应的观点表示出来的。

采取了这种解释,则相对性也得了一个新意义。例如,远和近,左和右,上和下等品质——在斯特拉顿的实验里是这样重要的——都是对一个观点的参照。这些关系,显然是对着什么的关系;它们决不是不参照任何观察者而内含于事物中的绝对的品质。然而这些品质,也不是事实的伪造。事物确如我们所见,是远或近,左或右的。不以知觉为图象副本的创造,则这里也就没有什么神秘。知觉是给我们知道事物的,但照着反应的观点而给予我们。因此感觉知觉的相对性,并不能为意识状态的存在的辩护。

当我们检查感觉品质的时候,我们会见到每组品质,各有它的特殊的而不易分别的性质。视觉质素,和听觉、嗅觉、味觉等的质素,各个不同。视觉经验和听觉经验,却不是容易分别的。只好说,视之所以为视,听之所以为听,由于每组的特殊的性质而已。这种性质,无疑地和有机体固有的反应,密切相关。婴儿很早就有视听的经验;而他们的经验,与成人的经验,是很不相同的。因为,我们长大了,我们的学习的反应与固有的反应,混合了起来,所应付的事物,和婴儿时期所应付的,便觉得不同了。结果,我们能见到火是热的,石头是硬的,冰是冷的,刀是锋利的。这些在婴儿看来是怎么样,我们不能猜度。

反应的变化,使得知觉有了特殊的丰富性。我们看着已燃的花炮,是"将爆炸的",因为对于"爆炸"的一反应,已进行着而转化为我们的所见。同样,开的太快的汽车,是"将倾覆的";那人是"将打击的";坐椅是"软和舒适的"。这些事情,并不在"心里";它们,和形状、大小、重量等一样,是"客观的"。通过了感觉知觉,将来的可能,化形为现在的实在。燃着的花炮,是"将爆炸的"东西;燃着的火柴,是将灼手的东西。将来的可能,化成现在的事实了。

这点在行为上的重要,是显明的。通过了感觉知觉,行为的将来的结果,转化为现在的实在。火柴现在并不和手相接触;并不会有什么灼伤;这"将灼手"是火柴的一个属性,如其手指触着了,便有这种结果。将来的结果,得到了现在的事实的地位,在指导行为上,便发生了效力了。

这种解释，也可以消除一部分心理学者对"意义"这一名词的应用的反对。知道火柴会灼手，便是知道火柴的意义，或者说有远避火柴的倾向，这不是又暗示了"心"或"意识"吗？不，如果把这转化为火柴自身的属性，我们尽可以说，人知道火柴的意义，而不说他参照什么将来的辽远的事实。刚说过的，知觉把将来带到现在里来了。

其次，我们要解释反应怎样组织成功适应性的行为了。婴儿生来有各种的倾向，或冲动。他生来有行为的倾向，如握捉、吮吸、踢、喊等等。它们是比较固定的；它们是适应性的，(不是目的性的)，神经系统的构造，给予它们以适应的作用。我们称之为反射。低等动物，比起人来，有更多的可以维持生命的反射。动物的婴儿，比起人类的婴儿来，有更大的适应环境的能力。鱼类产生了它们的卵，便终止它们的父母的责任；小鱼一生下来就能够维持自己的生命了。小鸡会啄会跑，小鸟会飞会鸣，用不着什么教育。人类的婴儿，一比起来，便是无能得可怜了。他们缺乏的不是反应的能力，而他们的反应，还没有组织成功适应性的行为。

有了优越的脑，而失了便宜，是看似矛盾的，动物的等级愈低，愈有人所没有的反应的准确固定。人类当然比起动物来，较不受机械的行为的束缚；人类的神经系统，较多变化的可能。但这变化的可能性，愈使反应有组织以后才能达到目的的必要。反应的准确固定，在低级动物生来便有的，在人类必须经长期学习的过程。人类是更依赖于目的性的行为的。

这使我们回到目的性的行为的问题上了。以前说过，我们从一个已在活动中的有机体出发。这种活动，一部分决定于神经系统固有的联结，一部分决定于习惯。试举一例：一个饥饿的孩子，看见了树上的苹果，饥饿使他灵敏地感觉到关于食的刺激。食物的欲求，包含他关于苹果的前所构成的反应或习惯，所以他很容易对苹果而起注意了。苹果成为采拾和吃的刺激，可是中间尚有困难。或许苹果太高，采不到；或许隔着围篱，攀不过；或许还有狗在看守着。因此，许多反应，互相抵触，而需要重行组织。反应的改组的样子，是目的性的行为的特征。

而反应的改组，必先经所知觉的情境的改组。当那孩子站在那里看着，他注意到树旁有一个棚，他能够爬上去；园里有一架梯，他能够用来攀到高处而避去那一只狗。这样，全部的情境是改变了。他不仅看见苹果和棚，他看见"能够爬上去采苹果而避去狗的一个棚"。在心理上，这样知觉的情境，和原来的情境，完全不同。刺激已改造而为另一事物了。能够这样获得适应的能力，就是我们所谓智慧。我们以改组刺激而改组反应。这反应的改组，不先决定于神经系统的联结，而临时当地所成功，便是目的性的行为，与反射的适应性的行为的异点。

在这过程中，有两个因素，是值得提一提的。一是习惯所占的地位；除非那孩子已有攀援的习惯，爬上树旁的棚的暗示不会发生的。二是有了新关系的加入，而改造情境以成一新的整体。那孩子也许从来没有这样地采过苹果，所以必得把这情境看成一个新的样子。这样做得快的人，称为"聪明"；慢的人，便是"愚笨"。无论快或慢，成功的行为，是一种创造。因为事物要在一个新关系上，或照一个新图样而配合起来。当行为进行之中，情境也继续需要改造。也许孩子先要搬一个箱子，站在上面才能爬上那棚，也许他还需要一根长竿，才能击落苹果。意识的行为的特性，正在于这刺激的继续改造。这是目的性的行为与机械性的行为的永恒的异点。在机械性的行为里，刺激只是引起反应而已；在目的性的行为里，刺激在反应的全程中，经过继续的改造，刺激和反应，都跟着行为而变化。

这种解释，显然直接适用于苛勒的猩猩的实验。猩猩要取得的那水果，引起它的动作，而这些动作，遭着距离的障碍——距离的知觉，是一个牴触的反应。这一切，在知觉中，都表现了出来。水果具了问题的性质，它成了"怎样可以取得的"一种水果。这种障碍，引导到知觉和反应的范围的放大。猩猩不放弃它的取得水果的"准备"，而开始四面观察，寻求达到目的的手段。如果它有完成这目的手段的适应的能力，那么，手杖或箱子便变成了"拉取水果的"物件了。手杖或箱子，被放在它的"完形"里，成了改造过的情境的一部分了。

有机体的"准备"，显然等于桑代克所谓"传达单元"了。照桑代克说："传达单元准备着动作，则动作是满足的，否则是烦恼。"但是，什么构成满足或烦恼呢？桑代克也说，满足不仅在于畅遂无阻的动作，它必有"某种的效果"。爬过围篱是满足的,不是因为它的自身,而是因为这可以取得苹果,这是继续前进中一个较大的活动的部分。而且这全部的活动,是随着情境中新事物——无论障碍或工具——的发现而有变化的。离开了一个总目的,满足和烦恼,不能有合理的说明。而只有机械地引起反应的刺激,又不能说明这样的目的。桑代克所缺乏的,是随着反应继续改造而使反应达到目的的一种刺激。

同样的解释,适用于简单的动作,如隔了桌面而取一个杯子或一把刀。"准备"是取物,反应必须组织以适应当前的情境;例如手指不好触到碟子里的牛油,不好碰倒了杯子等等。这又是一个刺激的改造的过程了。在以手取杯之中,情境是继续变化的,这继续的变化,是使这动作不同于机械的反射的。总之,刺激与反应的特殊的关系,构成所谓智慧。目的性的行为,并不需"心"或"意识"等的单独存在以为解释。

"意识"和"行为"的心理学的理论,所以俱不能解释目的性的行为,就因为俱没有注意刺激的特殊变化。它们都以个别的刺激的相续来说明行为。例如看见食物是取得食物的刺激,接触是把握的刺激,把握是传达到口里的刺激等等。这只说明痉挛的相续,实在没有说明目的性的行为。即使取得、把握、吃、等动作,也有它们的意象,而这种意象,并没有成为统整的刺激的部分。目的性的行为,必须有一种继续性,使相续的反应,都成为达到一个目的的手段;因此,最后的动作,已预示于最先,全系列是反应的逐步的调整,而不只是相续而已。这反应的调整,以刺激的逐步的改造,而得到成功。起先,刺激是不适于个体的目的的实现的,只适于引起一种反应,来照正当的方向,从事刺激的改造。树上的苹果,不一定是取得苹果的刺激,是一个"怎样取得苹果"的刺激;其次,从这刺激所引起的观察思索,又变为"须爬上那棚而后才能取得"的刺激,这样一步一步的变化,至达到目的而后止。反应的调整,由于刺激的逐步完成;刺激完成了,目的也就达到了。

我们以前说过的,知觉是十分实际的活动。离开了人的活动,没有哪一个人关心于事物的自身。不过,以反应的观点而知觉事物这一点,并不带着如"意识"说所主张的知觉与事物的存在的分离;虽然知觉是相对的,也并不就说知识就不能够"真"和"确"。我们要测验知觉,我们并不拿知觉来和事物比较,如拿照片来和人脸比较一样,而是拿来和别的知觉相核对。视觉所认为硬的东西,触觉可以加上一个证据。

读者或许注意到,这种"目的性的行为说",和所谓"行为说",有一点上是相似的。二说都排斥二元论的"心体",而以"意识"作为行为。二说的异点,在于我们把"意识的行为"(conscious behavior),当作一种特异的行为,而行为说则否认这个特异性。行为说既然将一切心理的解释,化成物理和化学的范畴,我们为避免误解,便不自称为"行为说"的一种。这里所提的观点,是哲学上所谓"实用主义"(pragmatism)的理论的一个部分。这种心理理论,要求关于知识与操行的问题,都要用实际行动为测验;而如以后所详说的,给予教育方法以一个新的方向。

参考书

Bode, B. H., *Fundamentals of Education*, Chap. XI. (孟宪承译:《教育哲学大意》,第十一章,商务)

Dewey and others, *Creative Intelligence*.

Hullfish, H. G., *Aspects of Thorndike's Psychology in Their Relation to Educational Theory and Practice*.

Jennings, H. S., *Behavior of the Lower Organisms*, Chapters XVI, XVIII.

Thurstone, L. L., *The Nature of Intelligence*, Chap. I.

第十五章
意义的性质

　　意义的性质,常成为一个问题。为什么,我们也不难了解。意义是易于消逝的,如幽灵般的。它不能够像颜色和声音一样,拿来直接观察;它没有形体能够给我们"指诸掌上"。例如常人都懂得"诚实是最好的策略"这句话的意义,但你要他于文字以外,列举出心中所有的到底是什么,他会愕然不能回答。他对于这句话的经验,不是感觉品质或意象;即使意象是有的,也并不构成他所有的意义。意义是有的,可是像可望而不可即一般。

　　如我们以前所讨论的,心理学上每一新观点,带来了关于意义的一新解释。心体说以为意义是心的创造,或者是心对事物所有的共同属性的抽象。意识说,如贝克莱的不说明意义;否则把意义也当作事物的共同属性,不过不以抽象而得,而以分析或综合得来。行为说认意义即运动,尤其是口腔声带的运动。至于实用主义也有它的意义的解释,这是现在所要详细说明的。

　　事物与其意义的难于辨别的一个原因是:在许多事例中,二者是相同的。我们说燃着的火柴是热的或者说它将灼手,等于说它的意义是会灼手的。我们将热的品质,称另一个意义,因为它使我们能够对它作适当的反应。如果感觉品质是一种把结果转化为属性的工具,那么,在这程度上,事物与其意义是相同的了。

　　在另外一种情境里,事物与其意义却可以分开来。例如我们看见救火机在街上,救火队员在安置水管,许多人在聚集着,我们立刻想到是失火。又如看见有鲜花、椅子、和别的东西送到邻家去,我们便想到那家今晚许是要宴客。在这里,知觉的事物暗示出与之分开的另一事物。后一事物,是不像前一事物的样子观察到的;或者并不能观察到,如失火;或者还在于将来,如宴客。

反复地说,一个经验的意义,可以存在于一种感觉品质里,如"热",或者存在于完全不同的样子里,如不能观察到的"失火"。在后者,它只存在于暗示的事物中;那种事物,并非知觉的,而是暗示的,或指示的(suggested or pointed to)。用杜威的话说,是"不在的存在",这像是矛盾,而实在是一个心理的事实的正确的描写。这种直接存在与不在的存在的分剖,可以假定从反应的不确定上感觉出来。例如一种微细的臭味,可以引起家人们的纷歧的反应:这是"火吗",是"煤气的走漏吗",是"腐烂的菜蔬吗"?臭味是知觉的,它的意义则在怀疑中。这意义是"不在的存在"的。因为各种反应纷歧牴触,使得事物与其意义的辨别,发展了出来。如果没有这种阻碍,那么,这辨别也就没有;我们直接知觉了全部的事实,如"火柴将灼手";又如气味是葱的气味,那也就只是单纯的一个知觉或认识了。

根据以上的叙说,意义这名词,有两个不同的用法。第一个用法是指经验因以前的观察或思考而起的变化。儿童因给猫抓破了手,以后对猫的看法,便和以前的不同,它是一个危险的或须慎防的动物了。一个城市住惯了以后,它的周围的情景,看来和陌生的时候不同;街道、店铺,以及四周的事物都有了新的意义了。但这所谓意义并不是一物暗示它物;而不过是直接的品质——这些品质,遇有必要的时候,也可用为暗示它物的符号。我们得到这种意义,不过是得到认识的习熟而已。第二个用法是专指一物暗示它物而言的。以一物用为它物的符号,这种作用,谓之"推论"(inference);被暗示的事物,即为有暗示功用的事物的意义了。用事物为符号,会渐改变这事物。习熟后,指示的关系会渐不见。我们依然说它有意义,但那时却不是说它指示着什么事物,而只是说它已是一样不同的事物了。

> 经验中的事物,依照它们曾经给我们思维过的程度,(即使不一定引起推论),而有多少意义的确定、深切和丰富。"意义"(meaning,

significance)或"价值"(value)一类的名词,都有两重的用法。有时是指功用,一物指示它物的功用——或者说是符号。有时也指事物内含的品质——使事物具有特征与价值的品质。……思考过的情境里的意义,是内含的,而不是工具的。这种意义像红与黑,硬与软,方与圆等一样,是事物的品质了。[1]

事物的指示的功用,如前说,大概是因为我们的反应的纷歧牴触而后显现的。因为这纷歧牴触,直接所见的事物,与它所指示的事物,才清楚地分别出来。例如一个隐约的声响,可以暗示火车的将到,或者是雷鸣的声音,或者是飓风的预报。对于每一暗示的事物所应采取的反应各不相同,所以反应就不能确定。如其是火车,不理会好了。如其是雷雨,我们要赶回到家里。如其是飓风,或者还得找寻安全的躲避。听到的响声,没有问题,而它的意义,却成了疑问。到底暗示着什么呢?这纷歧的暗示,缺乏那响声所有的品质的确定性;否则也就不感到反应的迟疑了。这些暗示,属于不同的种类,至多只是几种可能的事物而已。

在人类中间,这知觉的事物与暗示的事物的辨别,引导到一个新关系的发现。这就是"指示"(pointing to)的关系。响声是实在的,而且有指示它物的功用的。把握这关系,就得把知觉的与暗示的明辨开来。结果,将暗示的事物,放在确定的种类里,而承认它是一个暗示的事物。

这种过程,和"概念的构成"(concept-formation)的过程是相联的。要构成一个概念,则暗示的事物,不但与所见的事物相对比,而且还须与它分离开来,以便于单独地应付。这样分离开来了,暗示的事物,便转变而为一个概念了。

概念必须附着于一种符号——这是语言或文字里的名词。这种符号,常与所代表的事物,完全融合,而把符号的品质也变化过了。当我们懂得文字的意义的时候,文字在声音上,形体上,经过一种变化。所谓了解文字,就是完成这种变化,而使我们对于它有适当的行为而已。关于语言文字的品质的变化,詹姆士说过:

---

[1] Dewey, J., *Essays in Experimental Logic*, pp. 16, 17.

第十五章 意义的性质

如果我们听了而不了解,那么我们自己的语言,听起来便很不同,也像听外国语一样了。语音的高下,怪异的齿音和合音,听起来成了什么样子,我们难于想象法国人说英语听来像"鸟语"——我们自己从来没有这样的感觉。而英国人听了俄语,恐怕也要说它是"鸟语"的。我们很意识着德语里那样语音的强烈的变化,以及许多爆裂音、喉音,在德国人自己是不会意识着的。[1]

简括地说,意义起于经验的一个特异的形态,经过了经验中的某种错综,而发展成为概念。在直接听到响声的时候,这响声没有指示的关系。如果反应有些不确定,这响声可以一会当作火车声,一会当作雷声;反应的牴触不会完全消灭,然而也仍不能使"事物"与"意义"有明确的对比。可是等到这情境成为"这是那的意义"的形式的时候,这对比便清楚了。这一关系,有两重功用:一、联合了知觉的事物与暗示的事物;二、又分离了它们而认定后者为"暗示的事物"。最后,把"暗示的事物"从特殊的情境中抽出来,而给它一个名词,这就成了概念。

低级动物没有"制造的"语言,这是一桩重要的事实。它们常有所谓"自然的"语言。狗会吠,和摇它的尾巴,这些表现它的态度,就有语言的功用。但狗从来不会发明有一些类似我们的电码的东西。在人类中,监狱里的犯人,很容易地制成他们语言的符号;到车站去迎接一位不相识的客人,很简单地预约他在衣襟上缀一朵什么花做辨认的标识。这种事情,显然不是动物智慧所能做到;而只有能够把握着"甲是乙的意义"的智慧,才能做到。有了这领悟,则乙成为被指示的事物,而甲是有指示功用的事物了。

在一个意义上,低级动物也应付着暗示的事物。狗听见了主人的声音而没有看见他的形相的时候,会发狂似地去找寻他。狗见到雷雨的将临,也会飞奔到屋子里去躲避。甚至于它遇着新异的东西,也会现出迟疑的情态来。这都见出它有暗示的事物的感觉。但它的语言的缺乏,指明这些暗示的事物,于它,没有

---

[1] James, W., *Principles of Psychology*, Vol. II, p. 80.

"甲是乙的意义"的形式。如果有了,进一步便可以用符号来替代甲做指示的工作了。这正是人类所能够做的。这一步达到了,便可进而制定别的更多的符号出来,而"制造的"语言便成功了。

当然,语言是逐渐生长,而不是现成制造的。语言是社会的遗产。一个人有了新观念或新发现,可以有意地创造一个新名词,但这是罕有的。又,文字的意义,决定于它的使用;用法逐渐改变,它最后会获得原来所没有的意义。可是这一切,并不影响到我们的主要论点:即,非了解意义关系的特异的性质,不会有语言;而且非有特殊的符号,也不会单独地处理暗示的事物——把它们转化为概念,而可以应用于"推理"上。把握着意义关系的能力,大概就是人类智慧优胜于低级动物的秘钥了。

概念的缺乏,不一定使动物不能够有智慧的行为。例如苛勒的猩猩,便能够把握着搬箱子和取水果的关系——这是聪明的,但并没有一定使用到概念。这种关系的认识,没有抽象的作用,正如我们看见疾驰的汽车而知道它在赶着路程一样。可是有了概念的使用,我们就不依赖物质的东西,而能够在"心里打算"了。假如我们坐着汽车在野外游览,而见到暴雨的将临,第一个暗示便是"雨",第二个暗示是"泥路"。这两个概念合起来,给我们一个内含的意义"泥泞"。"泥泞"的概念,和"汽车"的概念,合起来,便是"倾陷"于泥路中的可能的结果;这或许使我们有立刻赶回家去的决定。这种过程,谓之推理。这是抽象的,因为它暂时无须应付直接的情境。而推理的结果,扩大了这情境的外延;这情境现在除"雨"以外,包括了"泥泞"和汽车的"倾陷"的危险。所以概念是工具,用这工具,我们改造经验的情境,而使它具有新的品质了。

概念在推理的过程中,怎样发生功用,不容易详细溯述。我们在这里只消说,概念像经验中的其它事物一样,是与个体的反应密切相联的。推理是将各种反应,综合改组,以显示其含义的过程。例如有人对我们说,一样东西是圆的,后来又说是方的,我们的反应便是抵触,我们说这两个命题是矛盾的。或者有人说,一样东西是重的,又说是没有支持的,我们的结论,便是这东西必然要下坠的。和某一概念相联的反应,代表我们对这概念所有的以前的经验或知识;所谓

"必然"，表示除此而外，别无调和矛盾的方法。必然性的观念，产生于推理之中。在自然界的作用里，只有相续的次序；到我们关心于概念的含义的时候，才有所谓"必然"的。

这样看来，概念是以前推论所得的结果。我们以一物为它物的符号，这是显著的事实。把这它物放在上述的过程中，它就变成了概念，而可以在将来的情境里有各种样子的用法。它成了一件新东西，而有特殊的功用，像椎子锯子有特殊的功用是一样了。杜威说：

> 倘使我们忘却概念只存在和使用于"控制的推论"中，我们就会得到这二重世界的神秘性——什么现象与本体，个别与普遍，事物与观念，日常生活与科学，便各个对立，而有二重的神秘性了。……只要知道知识是怎样一桩重要的事情，我们便不必惊异于为了推进知识而创造的适当的工具——这种工具，并没有什么先天的"原型"。它们是实在的事物，而只是它们那样的一种实在的事物，不是别的。[1]

读者或许以为这样说法，只是"概念是心智的事物"的复杂而曲折的说法；把概念称为工具，并不就把它变成物质的东西。说概念存在于"控制的推论"中，也还是说它是"心智的"。这和意识状态又有什么分别呢？

当然的，如果单是一个名称问题，那么，把概念（和意象、记忆等）称为"心智的事物"，也没有什么分别。玫瑰花是香的，不管称为什么。只要不附带关于事物性质的先决的判断，名称是不要紧的。不期盼玫瑰具有山芋的性质，就把玫瑰称为山芋，也没有关系的。可是现在把概念称为"心智的事物"，就有期盼玫瑰变成山芋的危险。经过了几百年的二元论的思想，这"心智的"一名词，已经满载着特殊的意义，还要使它不重陷于今日的思想所要克服的对立和分离，是不可能了。

---

[1] Dewey, J., *Essays in Experimental Logic*, pp. 434—435.

让我们再回到前引的雨的暗示的例。看见乌云四合,而想到雨,雨是暗示的事物。如果所谓"心智的",便与"暗示的事物"同一意义,那么,说雨是"心智的"也可以。现在既然没有雨,将来也不一定有雨,我们用"心智的"这名词,来表述这样的事态,原也不很要紧。但是倘使用了这一名词,而引入了全部的本体论的哲学,那就大有问题了。换句话说,假定云是物质的存在,而雨只是我们"心里"的观念,那么,像二元论的历史所证明,这问题便非理智的机巧所能解答。物质的东西和心智的东西,便分离而对立,没有法子合拢起来了。我们的解释,和这相反,知觉的事物,与暗示的事物,不是这样分离的。在经验的情境里,它们是彼此相续的(continuous)。并且,把它们这样相联了,我们给经验的解释,也完全不同;我们不以知觉为其它事物的副本,而以知觉即为环境中的一种事物。这样,知识和学习的全部问题,成为经验以内的关系的问题了。总之,二元论的降服,意在经验以内,有关系的辨别;而经验以外,别无与之对立的一个实在。这一观点上的变更,变更了我们对经验和对智慧的性质的整个看法。

再引杜威的话:"暗示的发生,无疑的是神秘的,但氢氧的化成水,又何尝不是神秘?这是我们必须承认的坚硬的、粗朴的事实的一种。"[1]如果我们采取二元论,我们就不在应付这种事实,而在应付着一种暧昧的哲学理论了。暗示是否真实,云是否就暗示雨;或者暗示并不真实而只是幻想,云会不会暗示雪和冰;或者暗示又只引起童时种种回忆。这一切,怎样的解释?意象和回忆,在现在的经验的改造上有怎样的功用?这是心理学里重要的一章。这里,我们不求详细的解释,我们只坚持"经验的相续性"(continuity of experience)而以为一切解释,必着重于现在的经验怎样转化而为其它事实的一种过程。

从教育的立场看,意义的性质与功用,是特殊地重要的。因为意义是思维的工具呵。在一种意义上,我们可以说,教育的全体,集中于概念的发展。如果一个人离开学校的时候,有了关于自然、社会等的诸正确概念,那他就是一个有教育的人了。概念的正当的发展,供给后来思维的工具,也供给这种工具

---

[1] Dewey, J., *Essays in Experimental Logic*, p. 49.

的用法。

参考书

Berkeley, G., *Principles of Human Knowledge*.

Dewey, J., *How We Think*, Chap. Ⅸ.（刘伯明译：《思维术》,中华）

McMurry, F. & C., *The Method of the Recitation*.

第十六章
教育的理论

我们的讨论,到这里为止,只是阐明一个命题:即学习的理论,是关于心智的概念的应用。关于心智的有力的学说,同时必化为教育方法的有力的学说,这是教育史所证明的。如果说,心体存在着而有待于训练,那么,形式训练说便是当然的结果。如果说,心智是意识状态的总合,那么,教学阶段说和教师地位的独尊,便是应有的结论。前者以心智为一种力的泉源,教材只有锻炼心力之用;后者以教材的获得与组织为事,而个人的能力与兴趣忽焉。这二说的心智的概念,都把心智和环境分离;而其教育的方法,便着力于心智的训练或范成;其教材的选择与组织,都是外铄的,而不以学者自己所要实现的目的为基准。结果教育是形式化了。

排斥了二元论,则我们以为个人在学习以前所具有的,只限于神经系统的构造所决定的一团固有的倾向或冲动。这一观点,是行为说与实用主义所共有的。可是在这观点的应用上,二说便分手了。行为说者(和桑代克)以为学习的过程,是一定的刺激和一定的反应的配合。在诸多的反应中,学习选择了某些有用的,而汰除了其它;在整个的情境中,学习选择了某些相关的部分,而不管其它的刺激。所以无论在反应抑在刺激方面,学习是一个选择的过程,是以部分替代整个的过程。用桑代克的话语说,一切学习是分析。

对行为说的批评,这里已无须再述。只要记着,在教育的形式化上,行为说不比以前诸说为进步。像二元论一样,它以学习为对于预定目的的遵从,而不以学习为需要一种情境,这种情境可以引起学者自己的目的,而供备材料以实现他的目的。照行为说的主张,几于任何刺激可与任何反应相联系。教师只要预先决定一个图样便行了。华生的情绪反应的养成的理论,桑代克的刺激反应联结(S-R bonds)构成的理论,都是假定学习的过程与结果,完全被决定于教师的。

无论如二元论那样,把智慧看成个体经验以外的一种力,或如行为说那样,把智慧化为物理化学的范畴,都不能使智慧在学习的情境里,发生有效的功用。它们的分别,在教育上没有什么重要,因为它们都不承认智慧有改造情境而赋予新意义的功用。然而除非我们承认智慧是有机体与环境的一种特异的交互作用(Intelligence is a unique type of interaction between a living organism and its environment),我们无法逃避那遵从固定秩序的教育理论。无论把智慧看成分离的存在(二元论),或否定智慧的存在(行为说),我们总不免对这种特异的交互作用的特质有所忽略;而这忽略,便使教育误入了歧途。

  我们所得的结论是:有目的的动作,就是智慧的动作。能够预见动作的结果,就是有了一种基点,由之而观察、选择和安排我们的事物和自己的能力。能够做到这几件事,就是能够用"心"——因为所谓"心",就是以事物与事物的彼此的关系的认识而控制着的目的性的行动。有"心"做一件事,就是能够预见这事的将来的结果,能够有计划,有方法,来谋它的成功,能够顾到实行时的助力和阻碍——这样才真是有"心",而不只是含糊的空想。所谓"心",是一种把现在的情形,与将来的结果,往复参照的一种能力。具有这些特质,也就等于具有目的了。凡对于自己所做的事,并不晓得它的结果是什么的人,是不智慧的——无"心"的。凡对于自己所做的事的结果,仅能含糊猜度了一下便以为满足,而乱碰机会,或对于做事的计划,不能够根据实在的情形(包括自己的能力),这样的人,是智慧不完全的——比较的无"心"的。

比较的无"心",便是感情用事。要有"心",须得在制定行动计划之中,"停下来,看,听"。[1]

杜威这样重视行为的目的性,并没轻视习惯在行为里的地位,不过指示习惯的另一意义罢了。无疑的,常态成人,对某一情境的反应,是他以前所获的习惯的结果。医师的诊察病症,机匠的修理机械,都用已有的习惯来解释他们的观察。为了有此习惯,事物对于专家,有常人所看不出的意义,对于成人,有儿童所看不出的意义。这一切都是承认的,而且是着重的,其所以与行为说争论的,在于如何说明习惯引导行为的功用而已。

我们以为有机体是一个活跃的生命的动力的泉源,这动力在不断地寻求它的表现,习惯则是动力表现或发放的途径。例如一个人在闲暇时,可以安然坐在一隅看小说,可以雇一辆汽车到野外游观,可以参加一个垒球比赛,或者可以练习他的提琴。这种种暗示,显然是神经系统上已有的变化的结果(习惯)。野蛮人不会得到这些暗示,17世纪的仇视娱乐的清教徒也不会得到这些暗示的。我们的习惯,有两重的功用:它供给动力表现的机会,它同时决定这表现的限制。

让我们注意这些暗示,怎样成为一个较大的整个情境的部分。这些暗示,不能够立刻发生行动,而需要若干的适应。例如想到练习提琴要吵闹同居的人,野外游览要雇汽车的费用等等。这些困难,是都要顾到的。即使没有困难,也仍需要若干并非机械性的适应。例如提琴要从原处取出来,汽车的钱要先到银行去支取。就是在室内拣出要看的小说,也需要非机械性的适应动作,例如走路不可碰倒了器物,伸手去取书册等等。这种动作是受着知觉的情境的指导,而趋向着一个目的的。习惯加入于这些动作,而使动作有可能;但这种习惯,必须组合以成动作的整体,而所组的整体,是活动的,不是机械的,它必须适合当前的情况。最后的行动,是习惯的组合,是一桩新的事情了。

这种组合习惯以成新的整体的图样的过程,在较高的程度上,便称为"创造

---

[1] Dewey, J., *Democracy and Education*, p. 120. (邹恩润译:《民本主义与教育》,商务,第181页。)

性"(creativeness)了。凡发明家、建筑家、政治家、科学家等,应用他们的习惯于解答问题时,问题的解答,都是"新"的。连我们谈话和打"高尔夫"球的寻常动作里,发音、造句、击球等旧习惯,在这新的场合里,也是组合而为新的整体的。这种行为的受目的的控制或适应,是意识的行为的特质。行为说的缺点,在于没有给这特质以任何说明。我们要了解"意识的行为",必须把习惯放在适应的整体中看,而不可以就它的孤立或分离的状态看。

这种习惯的解释,对于教育,有重大的影响。反复练习,就不像以前一般人所认的那样重要了。例如表现忿怒的习惯,尽管表现的样子不同,绝无反复,也还是会积渐成长的。一个人可以踢他的狗,打他的孩子,骂他的妻,侮慢他的邻人,愠怒他的官长,这种种表现,并不相同而反复,因为各个环境所容许的表现,并不一样。而忿怒的倾向,还是继长增高的。别的倾向,如友爱、同情、谐趣,在起初并非没有,却因抑止而没有了控制忿怒的力量。这忿怒的倾向发展下去,可以至于杀人。虽然以前并没有练习过杀人,而杀人的行为可以说是忿怒的习惯的表现。这意思是说,即使反复的练习,减至最小限度,习惯也可以逐渐养成的。

因此在教育方法上,当作态度的习惯的培养是首要,而技能的熟练次之。例如要获得拼法算术的好的成绩,正确的态度是首要的,而反复的练习次之。正确的态度养成了,则达到目的的手段——练习——自然会有的。其它任何特质的培养,都是这样。已往教育方法,误用分析以决定教材,然后用反复练习以求得这种教材的熟练——无论在历史、地理、数学,抑在整洁、谦和等德性的学习上,都是用这种方法的。它的危险,就在于忽视了习惯的较广的意义。分析当然供给有价值的材料;如常用字汇的分析,供给拼法上有价值的单字。不过有价值的材料,应该用来培养优良的态度,这点是被忽视了。

以上的讨论,使我们回顾到教育上兴趣的重要。没有兴趣,则态度的培养不会有重要的结果。换一种说法,学习的过程,必须有内发的目的,而不应该是外力的强制。这个见解,附带地说,对于品性教育,是有特殊的关系的。训练诚实等的个别动作,不比训练打字的技能,更有道德的价值。更进一步,即使有了诚实等的态度,(遵从某些标准的动作的倾向),也不是必然地会达到道德的目的。诚实有时会成为不智慧的、危险的;诚实、忠贞、坚毅等都要有适当的应用的理想——例如为公众幸福而努力的理想。没有这样更基本的倾向,则道德教育会使行为变成机械的,而徒为进步的障碍。

在道德教育上,人们常假定其主要的问题,是发展若干的德性,增加诚实、宽容、同情等等的美德。这种数量的观点,是经不起批评的。诚实可以变成粗犷,宽容可以奖励罪恶,同情可以混淆是非。道德教育的问题,不是这些特质的数量的增加,而是它们的表现的方向的改变。它们必须指向着一个理想,而调整发展。那就是说,道德教育,要求一个社会的理想,也要求智慧的继续运用于这理想的解释与应用。至于习惯,只是智慧的工具而已。

这样的习惯的解释,给予智慧的功用以一个新意义。习惯要能够活动变化,以应付变动的各种情境,则教育应该使行为有智慧,有应付变动的情境的能力。恰恰和习惯的固定相反,这种教育要培养自由,所谓自由,如杜威说,是思维的运用,而成为:

> 理智的独创力,观察的独立性,审辨的发明,结果的预见,达到这结果的机巧。[1]

总之,教育的任务,不在于心能的形式的训练,不在于智识的增多和组织,也不在于刺激反应联结的构成,而在于思维的培养。思维的能力,是教育的天堂,这一能力求得了,别的一切自然也具足了。思维是习惯的活动变化,是有一个指导的目的,在以经验的改造而获取它的实现。

如果智慧是习惯的活动变化,那么,我们对于智慧测验结果的解释,显然应该要谨慎了。有人说:"心智像水箱,个人的教育和经验,把感觉、知觉一切构成知识的东西,往这箱里灌注,以成它的容量。"[2]这话说得太简单了。心智不是

---

[1] Dewey, J., *Democracy and Education*, p. 352. (邹恩润译:《民本主义与教育》,商务,第551页。)
[2] Trabue, M. R., & Stockbridge, F. P., *Measure Your Mind*, p. 27.

水箱，说到它的容量的大小是冒险的。说心智是一种特殊的器官，像身体的各器官一样，也是同样冒险的。这些假定摈弃了，我们就不能自信地决定教育在增长智慧上可能的限度了。

我们关于习惯的解释，对训练的转移的问题，也有重要的影响。习惯的所以能够活动变化，由于情境中加入了新的因子，而反应必须组成新的较大的整体，以为应付。反应的整体，从意义上表现出来；所以我们可以说，新的情境，是以旧的意义应付的；转移就在于意义之中。反应的改组，在意义一方面说，是包含着分析与综合的过程的——这是重要的一点。在新情境里辨认出旧意义来，是分析。同时，把旧意义移用到新因子上去，是综合。有时旧意义必须经过重大的改变，综合才得成功；例如月球是坠体的发现。

说"一切学习是分析"，就因为没有顾到这改造或改组的过程。近来一个著作者甚至于说："要由抽象而得到一种特质，必须先供备含有这特质的许多不同的情境。如果只有一个或少数的情境，那么，分析就不易完成；这种特质还是混合在较大的整体里，而不易辨认出来的。"[1]这无异于说，抽象观念的构成，只是一种分析的作用。例如儿童看见一个方箱子，"方"的一特质，是混合在箱子的其它品质中间的。现在提示许多含有"方"的特质的东西，如方箱子、方桌子、方纸、方瓶等等，"方"和其它品质的联络，便逐渐减弱，最后"方"便从那些整体中脱落下来，像成熟的苹果从树上掉下来一样。照此说，"方"的概念，便是以机械的分析过程而构成的。

此说粗看十分简单，细察便见得并不容易成立。它说"方"在未被抽出辨认以前，儿童不知有"方"，而只含糊地知道这是箱子的一个形态。照它说，儿童对"方"的反应，和对其它品质的反应还混合在一起，所以只"含糊地"知道方的形态，这不就假定了反应的互相改变吗？这不就等于说，最初并没有对"方"的反应，所谓对"方"的反应，在"方"的概念既成之后，是和原来的反应不相同了吗？

---

[1] Gates, A. J., *Psychology for Students of Education*, p. 307.

最后所得"方"的反应，不是单选择出来的，而是新造的吗？如果各种反应，不互相改变，而是各个孤立的，儿童最初怎样有"方"的含糊的感觉？怎样会把方箱子看成一件整个的东西？除非对各品质的反应，已同时存在于一个较大的反应的整体里，各种品质又怎样会混合在一个较大的情境的整体里？

假定儿童自始就会知觉"方"，（不过是"含糊地"知觉），这是詹姆士所谓"心理学者的论理的谬误"的一例。就是以成人经验解释儿童经验的一种谬误。因为成人察知颜色、方圆等等，便以为儿童也一样察知，不过含糊一点。殊不知儿童最初所见的，只是詹姆士所谓"硕大的、繁滋的、模糊的混乱"，而并不是成人所经验到的。儿童原来的反应，要经过了改组，而后才成为"方"的反应，我们不能说他最初便有"方"的反应，正如我们不能说——在生理的方面——鸡蛋里最初便有一只小鸡。

所以分析同时也是综合的过程。要构成"方"的概念，必须新添一点什么才行。这新添的什么，包括角度相等，各边长短相等的一类事实的发现。方的概念，决非仅是方的品质的从别的品质的分离开来，而是一个新的组织或构造。这种组织或构造的成功，和暗示的功用，有密切的关系。角度相等，各边相等之类，都是暗示，这些暗示，在观察或试验中证明了。然后综合在一个"方"的概念里，使这概念内容更加丰富，而应用于将来情境的范围更加广阔了。

这结论是与教育方法有直接关系的。概念的构成，是用暗示为经验改组的工具的。这种改组，固然要由儿童自己去做，但教师有了这了解，他的方法也就得到了关键。他不至于以为概念——如"方"——是儿童所已有的，一切只须让儿童去自得便行了；他得提示新的材料——如角度相等，各边相等——而鼓励儿童去应用概念于推理之中——如方形比同面积的长方形，周边为短等等。

概念构成中综合或改组的作用，可从科学发明史上举出很多的例子。在任何例中，旧事实有了新解释，引进了新关系。例如人们早就知道物体沉在水里，受着压力。这压力的大小与水的深浅成正比例；这现象，又引起流体的定律的发现出来。说这定律的发现，是分析成功的，是胡说。所已知的，是压力；压力大小的观念是一个新的因素；所要得的，是压力大小与水的深浅的一个新的关系。这关系的暗示,经试验而得到证明。这种意义的发现与证明,正合着杜威所说,要有"理智的独创力,观察的独立性,审辨的发明,结果的预见,达到这结果的机巧"。上例还可以推广一步。后来,人们又得到一个暗示——空气也是流体,同样受流体的定律的支配。这暗示是从空气与水的相同的观察得来。说这是从空气的整体现象中,分析而得的一个特质(与水相同),在实际上或许可以这样说,而与心理的事实还不完全相符。要给旧事实(流体和压力)以这一新关系,旧事实必须先行改组或解释过。流体从空气的温度中辨认出来,风看成海洋的流,空气和水的分别在于压缩性的不同等。已知的事实,必须根据新的暗示而经过改组。

在新观念(暗示)发现之后,这种事实的改组,总是有的,有时有的很多。这改组的过程,和观念的试验证明,是相关地进行的。倘使空气是流体,那么,晴雨表拿到山上去会低降的;含有空气的器皿放在真空里,外面会有压力的,等等。应该解释的事实,从观察和预测中搜集得来,解释了多少,新观念便依着这程度而有多少的正确性。这一切,显然都是综合。而且要注意,这种综合,不只在观念发现之后才有,就在发现的过程之中,也是要的。

在流体的定律的发现之中,把已观察的事实,组成压力与深浅的比例的新体系,便是综合。如果将这过程化成简单的分析,那么智慧的行为所特有的一种创造性便被抹煞了。这过程当然包含着分析,但也显然包含着综合的。在机械性的行为里,分析和综合,不能相容;在智慧的行为里,它们却是一个活动的两方面。

将流体的定律,推广应用于空气的现象,更是综合的一例。在这综合中,许多新材料,是被组合起来的。这一切,给予教育方法的教训是:一、学生所使用的概念,最初比教师所想象的,内容贫乏得多;二、要使概念的内容丰富——分析与综合同时需要——教师须先想到概念内的各个分子。明认了学生须自己构成他的概念,则教育方法便引入了一个特殊的方向:学生要有独创与试验的充分机会;教材要供给有意义的问题而不单是指定的作业;学习要成为相续的活动,而不是任情的兴趣的追求;方法要能够变化适应,以谋思维能力的培养。

上面的讨论，似乎偏重纯粹的理智的发展，而忽视了审美的、情绪的发展。其实不是的。我们要记着，思维是达到目的的一种活动，不是一个孤立的什么"心能"活动的目的，不论是科学的发现，或是诗歌绘画的创作，只要是全心全力进行的，都有欣赏或鉴赏的。教育所能做的，在于改组情境以培养欣赏。我们看见一条定律有了新的应用，我们对于它的欣赏便加深了，正如我们了解了一篇文学杰作的新的意义，我们对于它的爱好便加深了一样。华生以为对于同一事物的爱好不爱好，可以从制约反射的构成中获得；这或许也不错。可是为什么一定把智慧摈出于行为之外，我们就不懂，除非我们定要把一切行为化成机械的公式。我们不能够否认：情绪的反应，可以从经验的改造中范成——经验的改造，是意识的行为的特点。教育的目的，要使这过程有充分的效力；其方法，则以思维的培养为中心。

这种教育理论，以学生为真正出发点。依着我们使教育成为学生的思维的刺激的程度，我们便得到旧时的职业与文化，工作与游戏，义务与兴趣等对立的统一。这些对立，只是注重点上的不同，不是固定的矛盾。从此，我们便得改定我们的教育哲学，改编我们的学校课程。我们要考虑到如下的问题：我们既不以遵从固有的社会秩序为理想，则受过教育的人，对社会的关系是怎样呢？换句话说，理想的社会秩序是什么呢？为了培养个人的独创力，而又能依照社会的理想去发展，要有怎样的课程呢？

教学的方法，也需要很大的改变。既然着重学习中的创造性，而排斥遵从固定秩序的观念，则学校先须有一种不同的空气，一种共同生活的理想。个性差异的概念，也获得了新的意义；能力分组、活动升级等办法，还不足以尽表现这意义。方法上的实验，须利用学生个别的兴趣与能力，使他们在团体活动中，有各自的贡献。在教师方面，能够做到这样，就必先有对于目的的理解，对于个别学生的体察和同情，对于方法的活用和机变。

成功的教学，需要教师有教学的方法，同时需要这种方法的活用。

方法的要旨，是安排一种学习的情境，使学生有从了解作业的意义而得到的动机,有从团体刺激和个别进修中得到的持续而贯彻的努力;并组织学习的结果,使学生有继续生长的可能。

教学方法有时是自由的,非正式的;有时是规定的,有意控制的。这绝不能呆板。我们对于教师的观念,这样,不复当他是一个督课者,而当他是一个童子军的教练员,他把他的一团儿童,带到一个田野里,这田野,他自己是早已熟悉的,于儿童却充满着道德和理智发展的种种探险和惊异的机会。[1]

参考书

Bode, B. H., *Modern Educational Theories*, Chap. Ⅸ.(孟宪承译:《现代教育学说》,第九章)

Dewey, J., *Human Nature and Conduct*, Part Ⅰ, Sections Ⅰ, Ⅱ.

Dewey, J., *Democracy and Education*, pp. 84—89. Chapters Ⅷ, Ⅺ, ⅩⅧ.(邹恩润译:《民本主义与教育》,第八、十一、十八章)

Gates, A. J., *Psychology for Students of Education*.(陈德荣译:《教育心理学》)

Trabue, M. R., & Stockbridge, F. P., *Measure Your Mind*, Chapters Ⅰ, Ⅱ, Ⅲ.

---

[1] Thayer, *The Passing of the Recitation*, pp. 326—327.

第十七章
变动的认识

社会以教育而维持它的存在,这是一句老话。社会以教育的机关,传递它的过去的成功,才能维持它的现在的程度。教育在这方面的功用,得到这样一致的承认,使得社会改造者,常急于以教育为宣传的工具,而常有教育改革的要求,而且所谓"过去",是生长的,要保存的是什么一种的过去,这观念也常需要合理的修正。适于早一代的教育,已不适于这一代;古典课程是被修正了;传统的职业和文化教育的对立,也已在修正之中了。

教育上的变动,是社会变动的结果;这变动,不止限于课程,而尤涉于态度。古典课程的改变,固然使新教材加入了,但尤其引致了个人对社会关系的态度的改变。消极地说,古典教育所反映的阶级制度,已被否定;积极地说,容许个人发展,尊重个人机会的社会秩序的理想,已得到广大的认识了。这种态度的改变,在很大的范围内,都先发生于教育以外,而后才侵入于教育之中。要使教育能够有裨于社会的发展,这种变动的了解,是不可少的。

现世纪思想态度的特征,无疑地就是科学。和历史上以前各时代比较起来,现代是一个科学的时代。我们的全部文化,真的给科学改造过了。科学所引起的变动,先是关于物质生活和社会制度的;而这两方面的变动,又促起了人生观和世界观的变动。

物质的生活状况的变动,这样显著,已是有目者所共见的了。在过去百年间,运输交通的方法,以及工业的技术和组织,起了重大的革命。美国今日劳动者的25％,都从事于30年以前所完全没有的工作。一般人,连青年的人在内,都已得到世界上前所未见的经济生活的独立。人口的移动,还使人回忆到拓荒的时期,可是旅行的便利,早使旧日的隔离状态完全消灭;旅行者再也找不到没有人迹的旷原,而到处所遇的是文化中心了。白宫的主人,在晨间患了病;垒球的代表,在午后输了球;全国人民就在晚报上得着精神的震动。无线电和电影,更把距离缩到几乎没有的程度。我们看一看这种情况,便自会感到旧时的教育决不适合于今日的儿童和青年了。

  物质生活的变动,以各式各种的样子,变动了社会的组织。家庭是和以前不同了。家长对于子女,已不复是智慧和威权的严师;要子女们有快乐幸福的生活,父母先须温和而有礼了。婚姻也不复是妇女的束缚,"伴婚制"的异响,到处可听到了。劳动已从资本主义学会了组织的技术,而起来与之抗争了。其它宗教与政治等,无不经过重大的变化;旧时代的信条、标语以及派别,都失却了它们的根据。

  这些变动,又是其它变动的重大的信号。一方面,民主主义,获得了更深的意义。要使社会的各分子,真有平等的机会,我们得担负教育的责任,限制私人企业的竞争,供给公众卫生、娱乐等等的利便。另一方面,这些变动都表示人生态度的变动。在缺乏科学的时代,人们对自然环境也缺乏控制,因之对人生发生某一种的态度。"自然"的顽强和残暴,不能给予人们所希求。对自然的斗争,只是生活必需的资料的斗争;人们对于真、善、美的心期,不是丝毫不能满足,便是希图在另一世界里得着满足。二元论的发展,所以也不是偶然。因为一面有现实的生活,另一面有高远的心期;为了满足这种心期,不得不皈向于未来的天堂,或耽溺于文哲艺术的想象境界里——后者就是古典主义的风尚。古典主义兴起于文艺复兴时代,原是对神学主义的一种反抗。那时的学者,竞习于古代的学问,原为要求更广博的兴趣,更宽大的精神。在希腊、罗马人的著作中,他们探求着理智、道德和审美的兴趣的宝藏,他们获得了不受神父们的羁勒的自由学问的方法,他们——大部分跟着希腊的哲人——构造了一个人生的理想,为后此几百年间教育的图形。古典主义,是有真、善、美的爱好的培养的。它的致命的伤害,在于它的理想是静止的、固定的。最初，它的不顾现实，而以古代文献为教育的内容，原不是没有相当的理由的。但随着现代文化的迈进，这种理由一天一天的减少。同时，每日生活的迫切而繁多的需要，使得能够在实际活动中达到文化的目的的教育的要求，一天一天的增加。而这要求，以前却被漠视了；所以古典主义愈不能适应时代的需要，结果只成了"失败"的福音。如罗素（Russell）在所著论文《自由人的信仰》（*A Free Man's Worship*）[1]中所说的，实际的生活总是粗糙、丑恶的；精神的生活，只存在于人的想象所创造的文哲艺术的境界里。我们虽不能完全脱离实际的生活，而精神的生活，却能够给我们一个躲避。

这种文化与实用的对立，现在是迅速地消弭了。举农人的生活为例：数十年前，农人有的是孤寂的生活，做的是勤劳的、机械的操作。有一点理智的好尚的青年，那时决不会安于田间的。现在呢，农人的生活，也很可以有各种兴趣和能力的表现的机会了。汽车、无线电、新闻纸，把外部的世界，带到了每一农家的门口；节省劳力的机器，使得大家有了剩余的精力和时间。农人已开始抛弃他的传统的个人主义，而参加种种合作的事业了。新式的农业，需要科学的训练，和使用相当复杂的机器的技能了。农村的家庭，也渐渐变成可爱的家庭了。总之，一切理智的、社交的、审美的机会，在农村里都可以有，农人们对真、善、美的希求，可以从每日生活的活动中得到了多量的实现。

农人或许是一个特别好的例。别种劳动工作，也有因变动而变得情形更坏的。大量的生产和细密的分工，使得工人的状况，与民主主义的精神更不相融。可是科学的应用所引起的变动，至少已显示在职业的工作里，人人的兴趣才能，是可以有表现的机会的。一般地说，职业对于人的智慧，有不断的新的要求；对于社会的关系，有更密切更广泛的意识；对于审美的生活，有更多的表现的可能；使得文化与职业的界限，渐渐消除了。

将人生的最高的价值，放在一个美妙的相像的境界里——无论是宗教主义的天堂，或是古典主义的文艺——这是二元论的人生观。哲学上心与身的对立，

---

[1] 又译《一个自由人的崇拜》。——编校者

表现于人生上文化与职业,现在与未来,信仰与理性,智慧与道德,最后,科学与人文学种种的对立。在教育上,又表现而为心能的训练,身体的轻蔑,道德是先天的观念,感觉经验是刺激的被动的摄取等说。这所造成的人生态度,与现代的态度,一天一天的不能协调。我们现在对于环境——自然的与社会的——的态度,不是失望,而是信任,是对智慧的信任,对奋斗的欢喜。这种态度的改变,是十分重要的;一切二元的对立,是必须排斥的。职业必须具足文化所有的生活的丰满,天堂必须就在这整个的人间,信仰必须引导于社会的改造,道德必须化为对于人生理想的忠贞,就是科学也必须以一种新的人文主义来估量它的功用。

这一切,无非是指明现代人生的理想,是动态的,不是静态的;是流变的,不是不变的。旧时代的生活,以不变为它的特征。社会是有固定的阶级的,而优越的阶级,又诉之于宗教或天赋权利的特许;政权是根据神权的,即使是民主主义,也诉之于生命自由等的天赋的特权;婚姻是神圣的;奴隶制度、私有财产制度都是天命的。服从,无疑问的服从,当作最高的美德。所有社会传说与个人心愿,都组织成这样,使得人类的制度,受着神圣启示或宇宙自然定律的屏障,而不许革新与改造。

现在和未来的变动,就是要打破这种阶级化,这种标准的固定性。我们所说的文化与职业的关系的变动,也就代表着整个人生的变动。人生的任何一个重要方面,都与其它方面紧密联系着的;真理不是不变的。每一代的人,须得检讨、修正它的经济的、社会的、文化的信念。理想的生活,是依于人生价值的继续的改造,如阿诺德(Arnold)所说,"不是一个已有、已定;而是一个方长、方成"(Not a having and a resting, but a growing and a becoming)。已往哲人所诏示我们的是:个人是群体的部分;文化是"凝视人生,凝视人生的全体"(To see life steadily and see it whole)的能力;不批判的人生,是无价值的人生等语。这些话语,现在有了新的意义。我们现在看到社会的整体中,部分与部分的参互错综的联系;这人间生活的无缝的外衣,是无数杂色的经和纬所织造成功的;我们更了然于教育计划与社会计划的不可分剖。教育所期达的充分、丰满的个人生活,只有在个人能够获得最高度的能力表现的一个社会秩序里,才能够实现。所谓民主主义,主要的,就指个人于理解与同情的合作关系中间能够实现充分、丰满的生活的一个社会秩序。

教育的最高的任务,从这观点来看,便是组织各种能力和工具,使得文化的发展,能成为智慧的逐步解放。科学所引起的一切变动,已证明人类的智慧,在达到它的成年,而智慧有指挥人类生活的充分力量。凡利益的阶级化,标准的固定性,如前所提到的,都是智慧的自由使用的障碍。把这些障碍扫除了,人类在这地球上经营的生活,将成为一个伟大的试验,一个冒险的征程。一切信念与制度的改造,将成为我们公认的一个义务。今日所视为最神圣的东西,无人能担保它的永远是神圣。智慧的新的发现、发明,将不断地表现为新的态度、新的理想;这一切,又将以其能否有裨于民主主义的社会秩序以判断其价值。在教育上,这一观点,便是课程、方法,以及行政的一个最高的指导原则了。

说现代社会的发展,使我们认识了智慧在人生上的地位,也不过是另换的一个说法。科学是智慧,是有特殊技术以发现事实处理证据的智慧。有了这特殊的技术,科学遂成了现代社会的特殊的新势力。这势力是建设的,但也同时是破坏的。它使新社会秩序,逐渐完成,但也同时必须把旧信念、旧制度,逐步改革;前代的智慧的成果,是常常被淘汰了而让给地位于新的观念的。

智慧的运用,有什么限度,这问题还没有答复。例如我们不断地改组我们的社会秩序,会不会达到一点,使得战争与私有财产的制度,完全废止,而代以共同服务的制度呢?或者说,人性既然是人性,就有它的不可变的倾向或本能,则战争和私有财产的制度,到底是废止不了的呢?又如我们的知识和操行的概念,数百年来经过很大的变化,而以智慧来创成它们的标准,我们还是承认这种标准,是人本的、相对的,仅为经验的有效的控制的呢?或者说,这些标准,是宇宙的、绝对的,为不变的宇宙定律所决定的呢?

我们的态度,无疑的是倾向于人本的、相对的;我们注重的,是为了人的目的而进行自然与社会环境的控制。我们的问题,是智慧的充分的运用。教育要引导个人在这世界上的生活,使他了解事物和事情的变动和意义,总是不能离开智慧的解放的一个出发点的。就是要答复上述的问题,也还是先要确定智慧的性质。心智的性质，如本书所叙说的，是有极纷歧的理论的，而在将来，理论也还是纷歧的。但这并不使我们改变我们的命题，即教育的方法，是决定于心智的理论的。

最后，我们只要指出这种观点，怎样影响于我们的课程和方法。如果我们的任务，是智慧的解放，那么，教材的选择与组织，应有下列的标准：一、它必须显示智慧怎样改变了人类的生活状况；二、它必须指示智慧怎样改变了人们的社会意识和世界观；三、它必须使人了解新与旧的必然的矛盾和继续的改组、适应的必要；四、按照学生的年龄差异以及其它情形，它必须提出知识和操作的标准的问题。至于方法，则教师常须记着，他的任务，在于诱导学生改造他自己的经验；单传授些现成的材料、已得的结论，是无用的；要使学生以自己的经验，融化新的材料。凡所提示的教材，所使用的方法，都是要使学生自己能够思维，而不是替代他思维。

这种原则，适用于任何一科的教材；虽然教材的科别，使得这适用的机会也有些差异。在历史科里，检讨社会的固定标准，而引起学生独立的判断的机会特别多。在自然科里，则科学的世界观的构成，格外显著。在数学科里，概念的了解，更加重要——数学的概念，显然是臆造的，这更可以证明概念是人类思维的工具。虽然适用上述原则的机会，在各科不能完全相同，而各科教材的组织，应该向着一个共同的目的，统整起来，使与人生里的信念行动有息息相关的联系。仅以传递知识为事的教学，不能得到这样的成功；教师必须利用各科的教材，以发展这一中心的观点——以智慧创造文化的观点。教育的主要结果，便是根据这观点的一种人生哲学的构成。

于此我们不能不说到教育学的自身了。所谓教育之科学的研究，是一种畸形的发展。社会变动所引起的诸问题，是现代文代的中心问题，反而没有得到它应得的研究。我们越要求智慧的解放，越要以自己的力量来决定自己的命运，便越有陷于错误的可能。自然环境的控制，可以加深经济的剥削，也可以实现诗人们的博爱的梦想。我们所急需的，是价值或理想的解释与调整，这不是科学技术所能够解答的问题,而是哲学的问题。科学有搜集事实处理证据的特殊的技术,但这些技术,和价值理想的解释与改组不相干。即如本章所论各点,就不能算属于哪一门的科学。

如果这话是不错的,那么,所谓教育目标之科学的分析与决定,也无异于"缘木而求鱼"。目标云云,要放在一整个教育计划里才能发生价值。不先认识这整体,而徒然分析了无数知识技能的目标,则即使罗列了一切科学的方法,还是传统的习惯与理想在支配着。

这该是我们自己反省的时候了:如果长是这样忽略更深更切的问题,则教育科学的研究,虽有许多成绩,也一定苦于琐屑无聊。教育专业者,常为了一树一木,而看不到全林;他的研究教育问题的方法,常使别科的学者,看了要愤恨。这些别科的学者,对教育的事情,常只有顽固的传统的主张,可是他们也有一个不能否认的优点。那就是,他们代表着一个有悠远历史的教育信条,这信条有一个个人与社会的全体概念。现时的教育,比起传统的教育来,当然是更丰富的,更切于实际生活的,但也是更缺乏那"凝视人生,凝视人生的全体"的态度的。传统主义者所认识的"全体",我们很有理由对它怀疑;可是我们不能不承认他们有这"全体"的认识,而我们反没有。惟其因为他们感觉了这一点的不同,他们不得不视教育专业者为他们的公敌。他们自己思想的落伍,不一定证明他们这一判断是错误的。

现在潮流在转向了。我们比较愿意来考虑科学所引起的社会和文化的变动,从而了解智慧在人类生活的改造上的功用了。我们所得的学习过程的新概念,使我们希望因此得到一个新的教育计划,能够在现代生活的情境中,培养那"凝视人生,凝视人生的全体"的态度。

参考书

Dewey, J., *Democracy and Education*. (邹恩润译:《民本主义与教育》)

Huxley, T. H., *Science and Education*, *Essays on Science and Culture*, *and A Liberal*

Education and Where to Find It.

Kilpatrick, W. H., *Education for a Changing Civilization*, Chapters Ⅰ, Ⅱ.

Otto, M. C., *Things and Ideals*, Chapters Ⅷ—Ⅹ.

Robinson, J. H., *The Mind in the Making*.

中西名词对照表

A

Activity	活动, 自动
Aim	目的
Analysis	分析
Apperception	统觉
Apperceptive mass	统觉的合体
Appreciation	欣赏, 好尚
Attitude	态度

B

Behavior	行为
Mechanical behavior	机械性的行为
Purposive behavior	目的性的行为
Behaviorism	行为说
Body	身, 身体

C

Causal relations	因果关系
Change	变化, 变动
Classicism	古典主义
Complex	合体, 又"隐机"
Concept	概念
Concept formation	概念的构成
Conditioned reflex	制约反射（交替反射）
Configuration	完形（综形）
Connection	联结
Conscious behavior	意识的行为
Consciousness	意识
Conscious states	意识状态
Theory of Consciousness	意识说

D

Democracy	民主主义（民本主义）
Development	发展
Dualism	二元论

E

Effect	效果
Energy	力, 动力
Vital energy	生命的动力
Environment	环境
Exercise	练习
Experience	经验
Conscious experience	意识的经验

F

Faculty	心能
Formal discipline	形式训练
Foresight	先见, 预见

Freedom	自由		

G

Gestalt-Theorie	格式塔说
Growth	生长

H

Habit	习惯
Habit formation	习惯的范成

I

Idea	观念
Identity	同一
Imag	意象
Imagination	想象
Impression	印象
Impulse	冲动
Inference	推论
Insight	领悟,了解
Instinct	本能
Intelligence	智慧
Intelligent behavior	智慧的行为
Interaction	交互作用
Interactionism	身心交感论
Interest	兴趣

L

Learning process	学习过程

M

Matter	物,物体
Meaning	意义
Mechanism	机械,机械主义
Mental	心智的(精神的)
Mental states	意识状态(精神状态)
Mind	心,心智
Mind-substance	心体
Theory of mind substance	心体说
Motion	运动

O

Object	事物,对象
Organism	有机体,个体,生物
Organization	组织

P

Parallelism	身心平行论
Perception	知觉
Pragmatism	实用主义(实验主义)
Psychology	心理学,心理的理论
Psychology of consciousness	意识心理学
Behaviorist psychology	行为心理学
Gestalt psychology	完形心理学(格式塔心理学)

Physiological psychology	生理心理学
Faculty psychology	心能心理学
Purpose	目的

Q

Quality	品质
Primary quality	初级的品质
Secondary quality	次级的品质
Sense-quality	感觉品质（感觉质素）

R

Reaction	反应
Readiness	准备
Reason	理性
Reasoning	推理
Reality	实在（实有）
Reconstruction	改造
Reduction	还元，归究，化成
Reflex	反射
Reflex arc	反射弧
Relation	关系，联系
Relativity	相对性
Reorganization	改组
Response	反应

S

Satisfaction and annoyance	满足与烦恼
Set	准备
Sensation	感觉
Situation	情境
Stimulus	刺激
S→R bond	刺激反应的联结（感应结）
Substance	实体
Suggestion	暗示，指示
Synthesis	综合

T

Tendency	倾向
Thinking	思维
Things-in-themselves	物的自体（物如）
Thought	思想
Training	训练
Transfer of training	训练的转移
Trait	特质

U

Use and disuse	用与失用

W

Whole	整体，全体

编校后记

本书的著者波特(B. H. Bode,1873—1953),是美国教育哲学家,实用主义教育学派的代表人物之一。1873 年生于伊利诺斯州里多特(Ridott)。初受教于杨克顿学院(Yankton College),后分别毕业于爱荷华州欧斯卡鲁萨的潘恩学院(Penn College, Oskaloosa, Iowa)和密执安州的密执安大学(University of Michigan),获得学士学位。1900 年在康奈尔大学(Cornell University)获哲学博士学位[1]。1900—1909 年在威斯康星大学(Universitv of Wisconsin)任教。1909—1921 年,任伊利诺斯大学(University of Illinois)哲学教授。1921 年以后,任俄亥俄州立大学(Ohio State University)教育学教授,1944 年成为该校名誉退休教授。1944—1945 年在埃及开罗大学(Cairo University)任客座教授。曾为美国哲学研究会及西部哲学研究会会员。著有《逻辑学大纲》(*An Outline of Logic*,1910)、《教育哲学大意》(*Fundamentals of Education*,1921)、《现代教育学说》(*Modern Educational Theories*,1927)、《教育心理辨歧》(*Conflicting Psychologies of Learning*,1929)、《民主是一种生活方式》(*Democracy as a Way of Life*,1937)、《十字路口的进步教育》(*Progressive Education at the Crossroads*,1938)[2]、《我们如何学习》(*How We Learn*,1940)等。

---

[1] 一说,波特于 1897 年在康奈尔大学获哲学博士学位。见波特著,秦希廉译:《十字路上之进步教育》,正中书局 1947 年版,作者略历。
[2] 有中译本。波特著,秦希廉译:《十字路上之进步教育》,正中书局 1947 年版。

孟宪承先生似乎颇为青睐波特的著作。1924年，迻译了《教育哲学大意》（商务）；1936年，又译了《现代教育学说》（商务）。这两本书"前后一贯"，"前者是波氏理论的建设，后者是对各家学说的批评"[1]。1936年，与张楷合译了这本《教育心理辨歧》，辑入"教育丛书"，由正中书局印行。质实说来，这是一本教育哲学的著作；它不是简单地陈述各种心理学流派的具体观点，而是以心智的性质为基点，历史地解析这些流派的根本分歧。比照前两本书，其重要性就在于它呈现了如何依靠哲学的批判和综合，解释科学上种种材料或观点之间的分歧。将这本译作列入《孟宪承文集》，其缘由或正在于此乎？

翻译这样一本概念晦涩、推论缜密、学派繁复的哲学性质的著作，需要译者不断与文本展开深度的对话。从根本上说，这是一项创造性的工作。加达默尔（Gadamer H. G.）就说："翻译都不可能纯粹是作者原始心理过程的重新唤起，而是对文本的再创造，而这种再创造乃受到对文本内容的理解所指导……"[2]仅是这本书的译名，孟宪承和张楷两位先生就颇为用心。原名"*Conflicting Psychologies of Learning*"，不作直译，而取"教育心理辨歧"，既切合作者从心灵哲学的高度厘清心理学上种种分歧或冲突的主旨，又不失简约雅致的风范。

在编校过程中，常有"仰之弥高，钻之弥坚，瞻之在前，忽焉在后"之感，既为作者鞭辟入里的分析所折服，又为译者游刃有余的语言功夫所倾倒。这本堪称经典的译作，岂可"束之高阁"！今天重版这个译本，当是告慰作者和译者，更是芳泽学林。

孙　勇
2008年2月

---

[1] 波特著，孟宪承译：《现代教育学说》，商务印书馆1931年版，译者附言。
[2] 加达默尔著，洪汉鼎译：《真理与方法》（下卷），上海译文出版社2004年版，第498页。

图书在版编目（CIP）数据

教育心理辨歧/（美）波特（Bode, B. H.）著；孟宪承，张楷译. —上海：华东师范大学出版社，2010.1
（孟宪承文集；7）
ISBN 978-7-5617-7480-9

Ⅰ.①教… Ⅱ.①波… ②孟… Ⅲ.①教育心理学 Ⅳ.①G441

中国版本图书馆 CIP 数据核字（2010）第 008981 号

孟宪承文集・卷七
教育心理辨歧

主　编	瞿葆奎
副主编	杜成宪
著　者	〔美〕波特
译　者	孟宪承　张　楷
项目编辑	陈锦文
审读编辑	林雨平
责任校对	王丽平
装帧设计	储　平
出版发行	华东师范大学出版社
社　址	上海市中山北路3663号　邮编 200062
网　址	www.ecnupress.com.cn
电　话	021-60821666　行政传真 021-62572105
客服电话	021-62865537　门市（邮购）电话 021-62869887
地　址	上海市中山北路3663号华东师范大学校内先锋路口
网　店	http://ecnup.taobao.com/
印刷者	江苏常熟华通印刷有限公司
开　本	787×1092　16开
印　张	11
字　数	158千字
版　次	2010年12月第1版
印　次	2010年12月第1次
印　数	1—2 100
书　号	ISBN 978-7-5617-7480-9/G・4326
定　价	38.00元
出版人	朱杰人

（如发现本版图书有印订质量问题，请寄回本社客服中心调换或电话 021-62865537 联系）